# UM MAR DE REVOLTA

O terremoto político brasileiro
sentido do outro lado do Atlântico

# UM MAR DE REVOLTA

O terremoto político brasileiro
sentido do outro lado do Atlântico

**Juliano Mattos**
Janeiro de 2017

Título: *Um Mar De Revolta: O Terremoto Político Brasileiro Sentido Do Outro Lado Do Atlântico*

Autor: Juliano Mattos

Capa e diagramação: Juliano Mattos

Primeira Edição: Janeiro de 2017

*"No Brasil e no Terceiro Mundo não se criou um cidadão, enquanto o Primeiro Mundo o preparou desde o Iluminismo. O cidadão é a mistura do homem público e do homem privado; nós não temos nenhum dos dois. A classe média foi, na Europa, o sustentáculo da democracia. No Brasil ela não quer direitos, quer privilégios."*

Milton Santos

# Sumário

## Introdução

Em Junho de 2013, eu me encontrava residente em Praga, capital tcheca, em função do catastrófico desfecho do meu projeto de Mestrado acolhido por um programa de mobilidade acadêmica que lá me levara dois anos antes. Tal projeto, se bem sucedido, teria a duração máxima de um ano. Como não foi, deixei-me levar pelo fascínio que a mais bela das cidades me provocava e fui prolongando a minha permanência nela o quanto podia, contando as moedas que milagrosamente me iam sobrando no fundo do bolso, sem saber muito bem aonde eu próprio me conduzia naquela mixórdia de depressão, crises existencialistas e boemia desregrada, fortemente libertina e etílica. Aqueles dois anos tinham sido em tudo intensos, mas foram sobretudo uma árdua batalha interior que eu travava comigo mesmo, à qual finalmente consegui superar, mas não sem antes ter pago um elevado preço cuja fatura incluiu a minha própria saúde, além de intermináveis complicações burocráticas e contratuais que até hoje me impedem de regressar ao mundo acadêmico.

Devido a essa forçada interiorização, acabei por desligar-me em grande parte do mundo político, do ativismo e das ideias. É certo que ainda aderi a algumas causas isoladas, como a solidariedade prestada ao povo grego saqueado em seus direitos pelos credores europeus sob o pretexto da dívida, ou a mobilização contra o *SOPA* (*Stop Online Piracy Act*) e o *PIPA* (*Protect IP Act*), em nome da qual marchei com uns poucos milhares de pessoas pelo centro de Praga sob uma temperatura de -15°C. Também costumava ter muitos debates políticos com alguns dos centenas de estudantes universitários das mais diversas proveniências que residiam comigo no *Kolej Hostivař*, um enorme dormitório acadêmico de arquitetura fria e *stalinista* (*Palenák* é o nome local para o arquétipo) reservado pela *Univerzita Karlova* aos estudantes estrangeiros no extremo sudeste da cidade, ilhado numa área residencial popular e operária, próxima à zona industrial. Havia um alemão, Sergej – de origem *soviética,* como ele dizia –, que afirmava ser anarquista. Mas era um daqueles de araque, um *anarco*capitalista, defensor religioso do mercado como se de uma divindade infalível se tratasse. Discutíamos muito sobre quem seria realmente anarquista, mas, em geral, tínhamos boa relação. Ele costumava *brincar* dizendo que eu, por não ser europeu, também não era verdadeiramente branco, por mais clara que fosse a minha pele. O problema é que ele também não era propriamente europeu, porque o genérico termo *soviético* escondia a sua verdadeira origem geográfica: apesar de branquinho de olhos claros, ele era natural do Cazaquistão. *"Sergej, você também não é europeu ou* *branco, você é cazaque"*, dizia eu para enfurecê-lo, com sucesso. Do meu lado nos debates quase sempre estavam Boris, um alemão de origem polonesa, e Ozan, um turco boêmio e metamórfico que se tornaria meu grande companheiro de andanças *Erasmus* também em Portugal entre 2013 e 2015. Juntos, e acompanhados por um russo de origem armênia, tínhamos conversas sobre o genocídio causado pelos turcos aos armênios há cem anos e ainda hoje não reconhecido devidamente. Um dos quatro colegas de quarto que tive naquele dormitório, Piotr, era um ucraniano conservador e cristão profundamente praticante. No começo, temi tê-lo no mesmo quarto. Mas logo ficamos grandes amigos. Sempre com respeito mútuo, ele crente e eu ateu, desenvolvíamos construtivas conversas filosóficas acerca do sentido da vida, da origem de tudo e mesmo de questões como o aborto ou a união homossexual. Quando ele foi embora, ao fim do primeiro semestre, passei a dividir o quarto com um robusto esloveno marxista-leninista a quem eu carinhosamente chamava *Zangief* – mais pela aparência com o lutador russo do jogo *Street Fighter* do que pelas convicções. Ele me contava com orgulho da participação de seus familiares nas guerrilhas *partizan* contra os invasores nazistas e chegou a mostrar-me uma antiga moeda iugoslava com o retrato do seu avô, um reconhecido *partizan*. Também havia um grupo enorme de catalães e

11

galegos que tinham certo interesse em política, mas eram todos de esquerda mais libertária, o que me impossibilitava o confronto desafiante por termos quase sempre concordâncias. Com eles eu formava uma claque *barcelonista* para assistir aos confrontos contra o Real Madrid, num período tão conturbado para a minha existência que eu procurava o refúgio sedativo do futebol exatamente para me sedar.

Entretanto, e apesar das amizades diversificadas, a minha participação política tanto prática quanto teórica estava limitada a certos episódios e rapidamente se dissolvia, dando lugar ao que naquele momento era mais importante para mim: a libertinagem mais catártica, alucinante e ilusória possível. Eu queria perder-me na loucura de uma vida irresponsável para dela, de alguma forma, sair reforçado e curado das minhas quimeras.

E assim o tempo passou. O período de mobilidade chegaria ao fim, todos os meus amigos estudantes iriam embora, o dormitório se esvaziaria e eu também seria obrigado a deixá-lo. Precisando de abrigo e sem dinheiro, já que meus biscates como professor particular de espanhol e distribuidor de propaganda de eventos Erasmus cobriam apenas os custos das noitadas, acabei por aceitar viver com dois brasileiros antissociais de vinte e poucos anos que chegavam a Praga porque, em suas próprias palavras, era onde eles tinham visto as mulheres mais bonitas. Dois autênticos retardados, portadores de uma arrogância pútrida e corrosiva, cheios de graves problemas psicológicos cuja existência negavam porque o seu reconhecimento era supostamente um sinal de fraqueza, afundando-se, portanto, na estratégia de os projetar no resto do mundo. Tinham um ódio perverso sobretudo pelas mulheres, a quem consideravam seres inferiores com todas as palavras. Cheguei à conclusão, com quase total certeza, de que eles eram virgens e o rancor que expeliam orgulhosamente configurava uma reação à frustração de nunca terem conseguido afeto feminino. Eram dois sociopatas e, além de manter-me alerta e cauteloso, eu precisava ser um ator brilhante, mascarando-me e inventando situações para me resguardar o tanto possível. Em tal cenário, os debates políticos eram até preferencialmente evitáveis e eu me isolava dentro de casa, restando-me a Internet. Foi então que comecei a redigir textos mais elaborados para expressar os meus pensamentos e provocar debates. Quando os protestos de 2013 explodiram, eu já andava publicando pequenos ensaios e crônicas no *Facebook* e no meu *blog*. Todo aquele período foi acompanhado por mim com uma dedicação exaustiva. Eu passava dias inteiros colado no computador acompanhando ao vivo o desenvolvimento

13

dos protestos, sempre com a mente ajustada e protegida para não me deixar levar pela narrativa da grande mídia, embora utilizasse quase sempre grupos de jornalismo alternativo. Ajudavam-me alguns contatos diversificados com os quais eu me comunicava diariamente e que me enviavam relatos e imagens diretamente do centro dos acontecimentos, de dentro das manifestações e junto às barricadas, respirando gás pimenta. Enquanto os meus dois *colegas* de apartamento mostravam desprezo às pessoas que saíam às ruas – reservando-lhes um profundo nojo típico das elites higienistas das quais eles *não* faziam parte, iludidos com a certeza de uma *superioridade* moral e intelectual –, eu ia estruturando uma narrativa que embora não fosse simples, era perfeitamente possível mesmo para alguém tão distante do Brasil. Naqueles dias ainda ajudei a organizar no centro de Praga uma concentração de apoio aos manifestantes brasileiros que estavam sendo massacrados pela polícia e pela imprensa. Conseguimos formar um grupinho de quase três dezenas de pessoas, entre brasileiros e tchecos, e sem qualquer pedido de autorização ficamos por um bom tempo no coração da cidade, a *Staroměstské náměstí*, exibindo cartazes feitos à mão que reproduziam as *bandeiras* do movimento inicial – não do oportunista – deflagrado do outro lado do Atlântico. Um dos meus cartazes pedia a quem passava – turistas quase na totalidade – que boicotasse a Copa do Mundo e os Jogos Olímpicos, enquanto o outro explicava que não era apenas contra os vinte centavos de aumento do ônibus, mas contra uma classe política que só representava a ela própria. Eu estava enfurecido tanto com o PT como com a trupe reacionária, incluindo a grande imprensa, que começava a instrumentalizar as manifestações para mudar o seu foco.

Ao fim do período mais conturbado, eu já tinha bastante material que se acumulava de fragmentos diários resultantes de debates virtuais ou de pequenos ensaios. A ideia era elaborar uma crônica para salvar a memória daqueles dias, nem que fosse apenas a minha própria memória. Todavia, a minha vida voltaria a entrar numa dinâmica alucinante: primeiramente, fui *sequestrado* pelos membros de Cätärro, uma banda de *powerviolence* de Mossoró-RN, após tê-los conhecido no *Obscene Extreme* – o maior festival de música extrema do mundo. Eles me escolheram como fotógrafo da *tour* que estavam iniciando e juntos desvendamos duas mãos cheias de países europeus durante um mês. No regresso a Praga, fui finalmente despejado pela dupla sociopata e passei três meses vivendo de favores na casa de alguns amigos. Nesse período, ainda verão, até dormi em banco de praça e experimentei um pouco da vida de mendigo. Ao aproximar do outono, cheguei a arranjar trabalho como guia de *pub crawl,* mas as suas longas jornadas noturnas sempre regadas a muito álcool me fizeram repensar novamente o meu caminho. Foi quando decidi, por fim, abandonar Praga. *Temporariamente*, como ainda hoje reitero.

Entretanto, a vingança dos meus dois desafetos estava preparada para ser servida como uma surpresa enigmática – o motivo para se vingarem não era nenhum senão o simples prazer em fazê-lo, porque de fato eu em nada atentara contra eles e inclusive deixara o apartamento amigavelmente, sem opor-me, porque na altura eu estava preferindo dormir na rua a respirar o mesmo ar que eles. Então, ao chegar a Portugal, descobri que todos os meus perfis e contas na Internet haviam sido apagados. Todos os rastros da minha existência tinham desaparecido do mundo virtual: perfil no *Facebook*, páginas de trabalhos fotográficos, *blogs* e, claro, as contas de *e-mail*. Através de uma pequena investigação, consegui chegar a eles como tendo sido os responsáveis; porém, nunca tomei providências. O rancor patológico deles nunca me contaminou, felizmente.

O ataque virtual desferido contra mim eliminou quase todo o trabalho que eu desenvolvera durante o auge dos protestos de 2013 – apenas alguns textos arquivados em um disco externo foram salvos –, mas em Portugal rapidamente regressei ao *ócio criativo*. E não só: passei a me relacionar com muitos brasileiros com quem eu podia finalmente ter debates e trocar ideias. Foi assim que aos poucos voltei a estruturar uma narrativa do conturbado cenário sociopolítico brasileiro. Ao longo dos últimos três anos acompanhei com paixão e angústia todo o desenrolar de uma estratégia perniciosa que resultou num golpe de Estado e que continua vorazmente atentando contra a dignidade do povo, especialmente das camadas historicamente estigmatizadas. Como a dinâmica dos acontecimentos é frenética e a dinâmica das notícias nas redes sociais é ainda mais alucinante, o entendimento do que se passa normalmente se perde ou se torna reciclável. Todas as intermináveis discussões virtuais passam a ser apenas perda de tempo e de energia, a não ser que tenhamos o cuidado de organizar e compartimentar as ideias. Nesse período, deparei-me com quase tudo: petistas celebrando a violência brutal da polícia contra *vagabundos*; a direita apropriando-se da indignação e inclusive criando os seus próprios movimentos *sociais* esvaziados de base popular; a imprensa atingindo o fundo do poço e enterrando a ética em nome da sua narrativa comprometida com interesses escusos; micaretas pedindo intervenção militar; confrontos físicos nas ruas em nome de desavenças político-partidárias extremadas; caça às bruxas; tragédias pessoais ou de todo um país. Vi ódio sendo cozido num caldeirão de mentiras ao qual todos os lados adicionaram seus condimentos. Flagrei-me, por vezes, compelido nessa avalanche de bestialidade, mas em nome da decência resisti sempre. Também vi o surgimento de novas lutas e o reforço de antigas. Vi grupos sociais marginalizados finalmente aparecerem no mapa e reivindicarem com mais vigor a sua causa. E vi-me longe de tudo isso, podendo apenas prestar meu limitado apoio através de um ativismo virtual que se por um lado é aliviador, por outro causa ainda mais aflição, porque eu queria estar lá. Queria transportar-me para as assembleias populares e para a linha de frente da resistência à polícia. Tudo o que tem ocorrido desde 2013 me fez sentir, pela primeira vez em mais de uma década, real desejo de regressar ao Brasil. Como a ponderação me impede – ou talvez a falta de coragem suficiente – tento fazer a minha parte de longe, através do meu apoio simbólico e dos meus textos, sempre tentando preservar o compromisso com a decência, com a sensibilidade social e com a honestidade intelectual e filosófica. Se hoje apresento esta obra é porque tenho a consciência de que tentei contribuir para um debate tolerante edificado na argumentação e na honestidade. Interiorizei a ideia de que a verdade é imperativa e deve estar acima inclusive de ideologias – podem me dizer que isto é uma obviedade, mas na realidade sabemos bem que mentiras e calúnias têm sido difundidas em nome da suposta nobreza das ideias. E foi com o intuito de preservar a minha narrativa dos acontecimentos que decidi compilar textos que de alguma forma ou se referem ao cenário de debate político polarizado ou foram influenciados por ele. É uma forma de provar, também para mim, que é possível manter o equilíbrio e o discernimento no meio de tanta cacofonia, apesar dos eventuais desvios conduzidos por alterações temperamentais, pois afinal não me pretendo insosso e fleumático. E é assim que apresento ao leitor este trabalho que contém razão, emoção, raiva, amor, filosofia, catarse, ideologia, pragmatismo e muitas outras amálgamas que, conjuradas, oferecem a visão de alguém que mesmo separado por um oceano não perdeu a preocupação com o seu país de origem. Alguns me poderão saudar, outros certamente odiar-me-ão. Estejam à vontade. Não tenho a pretensão da reconciliação num momento em que o Brasil vive uma evidente guerra social de média intensidade. Eu tomo e sempre tomarei posição e estou de forma inequívoca ao lado de quem se esforça para construir o progresso a partir de uma ótica de justiça social. Apenas peço para que levem em conta a *metáfora da caixa de bombom* – elaborada, creio, pelo *vlogger* Clarion de Laffalot – e percebam que o fato de eventualmente discordarem de um dos textos deste livro não os obriga à rejeição dos demais. Ou vice-versa. Aqui está apresentada uma narrativa, um ponto de vista, mas ela tem nuances e se constrói a partir de partes que podem ser analisadas separadamente. Exemplificando de forma básica, não é por eu ser socialista (libertário) e defender a causa LGBT que um não socialista, ou um liberal, deverá ser obrigatoriamente homofóbico. No fim das contas, este entendimento constitui grande parte do que eu desejaria que as pessoas obtivessem antes da formação de suas opiniões e do seu agrupamento nas posições rígidas que polarizaram o debate político.

## Diminuição da maioridade penal: construir mais avenidas diminuirá o trânsito?

(Novembro de 2013)

O Brasil é, tradicionalmente, o país do mediatismo e do apelo emocional. Vários países o são. Mas o Brasil tem um quê especial no assunto, algo que provoca ainda mais precipitação: a gritante incapacidade de circunspeção da esmagadora maioria da população. O analfabetismo funcional impera. É até preferível chamá-lo *analfaburrismo*, devido à total negação a reconhecer as lacunas intelectuais. Dizer isto sempre soará arrogante. Dane-se! Falsa humildade é para os políticos. A verdade é que há pouquíssima gente capacitada para discernir acerca de questões mais complexas e afirmar isto não é ser arrogante, é ser corajosamente realista. Mais uma vez entramos no problema da grotesca ineficácia da educação brasileira, que não está estimulando ninguém a pensar de forma equilibrada mediante a utilização dos mecanismos intelectuais de que dispomos.

A bola da vez é a maioridade penal, um assunto deveras sensível por resultar da criminalidade praticada por menores de idade. Aliás, por crianças e adolescentes – a campanha atual flexibiliza bastante a condição de menor.

21

Um estudo recente do Datafolha apontou que 93% dos paulistanos são a favor da redução da maioridade penal, o que já era de se esperar quando entregamos uma questão tão sensível e complexa a uma população tão amedrontada, embrutecida, emocionalmente desequilibrada e burra. Burrinha, burrinha...não que ser a favor dessa redução confira atestado de burrice a alguém. De fato há muita gente inteligente e pensante que se posiciona – a meu ver equivocadamente – a favor dela. Mas é inegável que a esmagadora maioria da população não esteja capacitada para tecer comentários relevantes a respeito e desconfio muito de que as cabeças pensantes que defendem tal causa sejam provenientes das fileiras conservadores e autoritárias da esfera política brasileira, gente que não tem nenhuma sensibilidade social.

O que de fato mudaria com a redução da maioridade penal? Os menores de idade deixariam de cometer crimes – que é o que supostamente desejamos – ou apenas reforçariam o contingente carcerário brasileiro, atualmente o quarto maior do mundo? A resposta me parece óbvia, sobretudo se observarmos a realidade. Os criminosos adultos deixam de cometer crimes por estarem incluídos na idade penal? E os criminosos menores de 16 anos, como ficam? Vamos começar a reduzir gradualmente a maioridade penal até chegar aos 12 anos? Talvez 10?

Há várias questões importantes e uma delas é: até quando a sociedade vai achar que o atual modelo de punição prisional é producente e sustentável? Antes de começarmos a bradar *justiceirismo* histérico pelos quatro ventos deveríamos alicerçar um pouco o debate. A população carcerária brasileira é a quarta maior do mundo com cerca de 500 mil presos, mas sua situação é muito mais grave que a da Rússia, apesar desta ter 800 mil. A diferença está na capacidade dos presídios. Enquanto na Rússia há 84% de lotação, no Brasil ela chega a 166%. Há muito mais presos do que o que seria comportado pela totalidade dos estabelecimentos, deteriorando ainda mais o ambiente no interior (e no exterior) deles.

E aqui entramos na questão da insustentabilidade das políticas punitivas. Enquanto o Brasil não perceber que a punição não deve ser, necessariamente, negativa, tudo continuará igual. Esta abordagem em particular levanta os cabelos dos sedentos por vingança e dos que acham que não deve haver direitos humanos para criminosos. Se dependesse deles, haveria pena de morte. Os que não conseguem controlar o próprio desequilíbrio emocional devem ficar bem longe de questões que requerem a mínima calma e lucidez. Falar em punição positiva não é falar em impunidade, embora o calor das discussões ou mesmo a desonestidade intelectual não permitam o desenvolvimento da ideia. Subverter uma ordem tão enraizada é complicado, sobretudo quando ela está bem alicerçada por condições socioeconômicas e culturais gravíssimas, dentro e fora das prisões.

O que seria, então, uma punição positiva? É praticamente senso comum conceber a prisão como algo que deve ter, invariavelmente, caráter vingativo, fazendo o condenado pagar da pior forma pelo seu crime. Assim, esquecemos de que um condenado submetido às condições desumanas das prisões brasileiras é uma pessoa perdida para sempre. Isto pauta a insustentabilidade da punição negativa. A punição positiva só seria possível com a mudança de paradigma, algo muito complicado face ao ruído histérico do desequilíbrio emocional, à falta de discernimento de quem se debruça sobre a questão e à realidade brasileira a todos os níveis. Falar hoje de recuperação de criminosos é intolerável dentro dos debates superficiais moldados pelo midiatismo e pela total falta de orientação lógica. Mas um país que pretende desenvolver-se e aproximar-se do que há de mais avançado no mundo não pode ignorar esta questão. Os criminosos condenados devem ser punidos positivamente com programas de recuperação. Só assim as políticas prisionais podem ser consideradas verdadeiramente eficazes. Caso contrário, será sempre uma tragédia humana, tanto para a vítima como para o condenado.

No entanto, não podemos esquecer os casos de psicopatia. Mas o curioso é que nos tentam realmente convencer de que ela é uma doença dos pobres. Sim, nos tentam convencer disto! Ora, parece mesmo que a psicopatia é contagiosa e se propaga dentro dos ambientes de pobreza onde as pessoas já nascem desprovidas das necessidades básicas. Agora virou moda chamar psicopata a todos os criminosos. Os casos dessa patologia registrados nas elites são raríssimos, certo? Ou são altamente ignorados? É preciso separar a psicopatia clínica de meras terminologias coloquiais. Há casos verdadeiros de psicopatia entre tanta barbárie noticiada diariamente. Mas chamar psicopata a todos os criminosos é perigoso, uma vez que se está decretando um estado clínico que, se confirmado, deve ter tratamento médico. A relação feita entre tal quadro clínico e a pobreza é uma forma muito cruel de estigmatização social. Estima-se que a presença de psicopatia na população geral varie de 0,5% a 3%, mas pode chegar a 66% em ambientes prisionais. Mas o que a despoleta? Ou melhor, quais as consequências sociais da pobreza e da exclusão?

Um modelo punitivo minimamente sustentável deve distinguir quadros clínicos de desvios comportamentais causados por ambientes degradados e deve configurar uma tentativa de recuperação dos indivíduos. Aglutinar gente com sérios problemas mentais ou comportamentais em selas sufocantes e carcomidas só garante a gravidade da situação. Esperam realmente que delas saiam cidadãos arrependidos e conscientizados? Jogaremos adolescentes no meio de adultos e esperaremos o quê? Que se recuperem? Que morram lá dentro?

A impunidade e a negligência do Estado são igualmente condenáveis. Mas o caráter punitivo deve diferir. E quando falamos em impunidade, devemos perceber que ela está ligada sobretudo às classes mais altas, porque um país com o quarto maior contingente carcerário do mundo e que praticamente triplicou este mesmo contingente nos últimos vinte anos não pode ser nenhum antro de impunidade. Muito pelo contrário, até. O problema é a abordagem *espetacularizante* que a mídia cria em torno da criminalidade.

A solução seria construir mais presídios?

Respondo com uma analogia: resolveremos os problemas do trânsito com mais avenidas ou com transporte coletivo de qualidade?

No caso, a educação seria o transporte para uma sociedade mais avançada e socialmente sustentável e inclusiva. Sim, ninguém falou que a solução seria mágica e rápida. Ela implica mudanças sérias nas abordagens à questão. Se fosse fácil de resolver, o problema não seria tão grave.

Por fim, dirijo-me aos justiceiros de plantão, aos *vingacionistas* que defendem a Lei de Talião: coloquemos um pedófilo, estuprador e assassino frio solto numa praça cheia de gente a par dos seus crimes. O que resultar disso indicará com exatidão o nível de desenvolvimento do povo em questão e o quão criminoso ele é.

## A velocidade supersônica da verdade e da mentira

(Fevereiro de 2014)

Há vinte anos, toda a informação que a sociedade consumia estava condicionada às peneiras da grande mídia tradicional: um punhado de canais televisivos, emissoras de rádio e imprensa escrita de grande circulação. Todos esses veículos eram (e ainda são) controlados por um número muito limitado de grupos empresariais evidentemente interessados no teor das notícias. Desde então, e sobretudo a partir da virada do milênio, foi consolidado um novo meio que acabaria por revolucionar toda a comunicação das sociedades tecnológicas: a Internet. Porém, o potencial, digamos, libertador desse novo veículo foi rapidamente percebido pelos grandes grupos das telecomunicações, que passaram a utilizá-lo como uma mera extensão dos veículos tradicionais. Ainda assim, foi possível enfraquecer os grandes oligopólios da mídia e criar alternativas à veiculação de notícias padronizadas e formatadas. Um pouco por todos os lados, e acompanhando determinados ativismos que necessitavam de criar seus próprios meios de difusão, surgiram infinidades de sítios informativos, inicialmente em forma de *sites* e mais recentemente em múltiplos formatos, como os jornais online, os canais televisivos do

*Youtube* e os grupos das redes sociais. A informação descentralizou-se, pelo menos para quem estava atento, porque os grandes grupos continuaram dominando a maior parte da informação e a televisão continuou sendo a principal janela para o mundo da maioria da população.

A descentralização da mídia e a profusão de veículos alternativos foram grandes vitórias para os que sempre se embateram contra os oligopólios do setor e exigiram a sua democratização, e apesar das vitórias em termos materiais terem sido pequenas, o fato é que as alternativas aos grandes grupos reforçaram-se ao ponto de não apenas servirem como veículos de informação paralela, mas também como sistemas de vigilância às potenciais mentiras e manipulações da grande imprensa. E o que inicialmente se restringia a certos ativismos políticos e grupos ideológicos fora do *mainstream* se foi espalhando e se tornando uma realidade a ser levada em conta.

Hoje, qualquer pessoa com acesso à Internet e com algum discernimento em relação aos diversos interesses que regem a sociedade pode estruturar suas opiniões com base na compreensão de diferentes pontos de vista. Provavelmente, a maior profusão de informação teve lugar no campo político e ideológico e os embates permaneceram ríspidos, mas muito mais justos, porque a disparidade dos meios disponíveis diminuiu. Há vinte anos, no Brasil, a totalidade dos meios de comunicação estava nas mãos de setores conservadores (incluindo a Igreja Católica e a Protestante), da direita política e de grupos empresariais. Contava-se nos dedos o pequeno número de publicações ligadas, sobretudo, a movimentos sociais de esquerda. A tiragem dessas publicações era insuficiente e tinha dificuldades até para abranger os seus próprios contingentes. Atualmente, a grande imprensa continua nas mesmas mãos, mas a Internet permitiu uma difusão muito maior das ideias tradicionalmente marginalizadas e elas se fazem ouvir.

O grande auge do poder da imprensa independente e alternativa, que está acontecendo neste momento, surgiu durante as chamadas *Jornadas de Junho* com as gigantescas manifestações por todo o Brasil. A grande mídia fez a sua tradicional cobertura e foi claramente ridicularizada pela mídia ativista, que expôs todas as mentiras e manipulações que há vinte anos não eram nitidamente detectadas. O poder das imagens era absoluto nos anos noventa. Ninguém se punha a questioná-las. Uma imagem era uma prova por excelência. Hoje, graças à imprensa alternativa, sabemos muito bem que as imagens podem ser perfeitamente adaptadas a uma certa retórica e uma certa linha editorial. E também sabemos que qualquer pessoa com o mínimo conhecimento de *softwares* de audiovisuais pode fabricar provas das suas próprias versões da realidade.

Mas nem tudo pode ser comemorado. A política e as divergências ideológicas são poderosas cargas emocionais e ninguém está alheio a elas. Se por um lado os novos veículos de informação serviram para desmentir os tradicionais e equilibrar as forças, por outro lado eles também estão sendo utilizados para a difusão de mentiras e de montagens segundo certas conveniências. E ninguém escapa a isto. Ninguém! Todos nós, que participamos de alguma forma em debates e dinamizamos os nossos próprios canais informativos, somos culpados e ajudamos a tornar a mentira no maior produto da informação supersônica, ao lado da verdade – ambas estão misturadas e é preciso saber discernir para identificá-las sem confundi-las. A maioria das pessoas (sobretudo quem possui convicções ideológicas mais profundas) está absolutamente convencida de que a nobreza das suas ideias justifica a fabricação de mentiras contra os opositores, representantes invariáveis de tudo o que é nefasto. A verdade não é nada perante a necessidade de impor uma ideia a qualquer custo, e todos os lados dos embates políticos se tornaram *experts* em mentiras, difamações e acusações superficiais. A ética ficou remetida aos tolos, aos ingênuos, aos *reformistas* e traidores, até.

Mas a mentira não é o único problema. Tão grave quanto ela é a desonestidade intelectual estampada em linhas argumentativas e retóricas que estraçalham os limites da coerência e se alimentam na ignorância e incapacidade de entendimento de uma maioria que migrou para os novos meios de comunicação mantendo a mesma postura de quando era telespectadora hipnotizada. Essa massa heterogênea está disposta a aceitar qualquer manchete e qualquer notícia como verdade absoluta desde que digam o que elas querem ouvir ou ler. Todos nós, em algum momento, já fomos vítimas de alguma mentira ou responsáveis pela sua propagação. E todos nós também já fomos vítimas das nossas próprias mentiras e nos enganamos em nome de certas conveniências. É muito difícil admitirmos um erro ou uma linha de raciocínio equivocada; somos demasiadamente vaidosos. Continua altamente provável voltarmos a incorrer nesses erros, mas é importante que nos livremos desta dinâmica para que sejamos honestos o tanto possível. Quando, num debate, acusamos um opositor de difundir mentiras, devemos simultaneamente analisar a nossa própria postura. Uma coisa é certa: quem mente ou difunde mentiras convenientes não tem moral nenhuma para criticar ou desmascarar oponentes que fazem o mesmo. Nenhuma! Não existe nenhuma ideologia suficientemente nobre para se sobrepor ao valor da verdade e da honestidade. As ideias tornam-se nobres à medida em que são construídas com base na verdade, e não o contrário.

Para exemplificar um pouco, basta utilizar algumas notícias veiculadas nas últimas semanas e que demonstram bem que existe uma guerra informativa baseada em antigas dicotomias. Quando a morte do cinegrafista Santiago Andrade foi confirmada, rapidamente se espalhou a notícia, nos meios alternativos, de que havia um elemento infiltrado com traços físicos que não correspondiam ao rapaz acusado e ela foi utilizada para a fabricação de inúmeras montagens por parte de quem dizia serem provas de algum embuste obscuro. Eu próprio cheguei a acreditar nisso num dado momento e precisei ouvir a voz da minha consciência para fazer uma investigação mais profunda e adequada antes de espalhar aquilo. Ficou então provado que havia dois rapazes com roupas semelhantes, mas que o sujeito acusado e preso era, de fato, o que portara o rojão responsável pela tragédia.

Por outro lado, os protestos que ocorrem na Venezuela nos têm oferecido inúmeras imagens de pessoas brutalmente violentadas pela polícia. Tais imagens seriam verdadeiramente relevantes e reveladoras caso não fossem provenientes de outros protestos em vários países bem distantes da América do Sul. Há, sim, brutalidade policial na Venezuela de Maduro, como também há uma clara tentativa da parte da oposição controlada por Leopoldo López de perpetuar um golpe de estado. A própria oposição mais tradicional está assustada com a figura de López.

De Kiev em chamas surgiu um video com o apelo emotivo de uma bela moça ucraniana que, num inglês comovente, clama aos povos do mundo para que espalhem a mensagem e ajudem o povo ucraniano na luta pela liberdade e pela democracia. Não sei quem é a moça e não quero fazer associações precipitadas, mas seu discurso não pode ser digerido exclusivamente como se resumisse tudo o que se passa na Ucrânia. Ele é absolutamente superficial e esconde uma realidade muito mais complexa que envolve um conflito geopolítico entre EUA-União Europeia de um lado e a Rússia de outro, e as preocupações de ambos os lados são os seus acordos comerciais e a influência da região. Além disso, a vanguarda dos protestos em Kiev é controlada por grupos *neonazistas*, como o partido *Svoboda* e os simpatizantes de Stepan Bandera, o ucraniano que lutou por Hitler durante a Segunda Guerra Mundial. Antes de difundirmos uma causa, precisamos estar minimamente informados sobre tudo o que a envolve.

Apesar de achar que podemos mitigar o problema da difusão (muitas vezes involuntária) de mentiras, é evidente que só será possível alcançar um certo sucesso, e mais importante do que exigir honestidade aos outros é assumirmos uma postura honesta e preocupada com a vasculha da verdade. Dentro do debate político dos meios alternativos de informação há os grupos que se propõem à intransigência e têm como único motivo de existência o combate histérico que não supera a superficialidade dos chavões e clichês. Esses grupos se sustentam na suposta nobreza das suas ideias para assumirem a negação da racionalidade e não abrirão qualquer brecha ao desenvolvimento ético e responsável do debate político. Não estão interessados em exercícios argumentativos ou em ponderações equilibradas que construam opiniões coerentes. Limitar-se-ão à gritaria e à mera catarse. Perante esses, não resta mais nada que não o desprezo, porque não constituem oponentes ou aliados para quem procura desenvolver ideias. São fontes que jorram vácuo, digamos.

Exemplos disso são os fanáticos militantes do PT, por exemplo, que pegam em qualquer dado estatístico para esfregar na cara do mundo inteiro que seus políticos de predileção são infalíveis e absolutamente honestos. São os que ilibam os condenados pelo Mensalão apenas por uma questão de compatibilidade ideológica. Também são os que não dizem uma única palavra sobre os escândalos de corrupção da oposição enquanto difundem qualquer vírgula que represente uma crítica mínima ao PT. São os que chamam os manifestantes mascarados nas ruas brasileiras de vândalos assassinos e que se derretem em elogios aos mascarados venezuelanos ou aos ucranianos. São os que endossam os protestos encarniçados no Brasil enquanto pedem aos berros que os que fazem o mesmo na Venezuela sejam espancados e presos pela polícia, ou o contrário.

Não sei se é uma impressão minha ou se é uma realidade, mas parece-me que o mundo (ou pelo menos o Ocidente) vai voltando à bipolarização da Guerra Fria e os debates se tornam cada vez mais limitados à velha dicotomia, ignorando a extrema complexidade que cada problema carrega. Nem todo esquerdista é *bolivarianista*, nem todo indivíduo nas ruas de Caracas é fascista, nem todo ucraniano odeia os russos, nem todos os russos acham que os ucranianos devem ser subalternos e nem todos aqueles

36

que querem despregar a Ucrânia da Rússia são aliados da política externa dos EUA.

Não estou tentando empurrar a discussão política a um centrismo neutro e esvaziado de ideologias, de forma alguma. Eu próprio me identifico com uma ideologia radical (para lá da esquerda), que é o anarquismo. Percebam que utilizo a palavra *radical* como significando a busca pela raiz das questões, não como sinônimo de extremismo. E por me identificar com o anarquismo não sou obrigado a concordar e a ser conivente com as mentiras, manipulações e ilações superficiais ou resultantes de falácia ou falhas argumentativas que existem e são difundidas pelos meus próprios *companheiros*. Aliás, nalgum momento seremos atingidos pelos estilhaços da nossa própria desonestidade, porque o seu fruto será a nossa arma em algum debate e os opositores poderão percebê-la e utilizarem-na contra nós, inclusive ridicularizando-nos. Por isso devemos ter todo o interesse em combater posturas destrutivas dentro dos nossos círculos. Quem inventa mentiras está induzindo os próprios companheiros ao erro. Limitar-se a um gueto ideológico causa cegueira e incentivar a cegueira é burrice, porque não eleva os debates a níveis verdadeiramente construtivos que possibilitem uma visão ampla e esclarecida dos fenômenos abordados. Mesmo com o advento dos meios alternativos de informação, é necessário aceder (com postura crítica) aos meios convencionais para que possamos compreender, enquadrar e esmiuçar os diferentes pontos de vista e procurar desconstruí-los com o constante exercício racional. Chavões e palavras de ordem servem para reforçar a disposição e dar ânimo, mas não servem como argumentos quando nos debruçamos sobre assuntos que exigem discernimento e reflexão coerente.

Vivemos numa época em que a velocidade das notícias é supersônica e diariamente somos confrontados com dezenas de assuntos. Essa velocidade nos permitiu o acesso amplo à informação, mas também nos tem impedido de pensar com cuidado e, sobretudo, com honestidade. O acesso aos meios de comunicação mais democratizados deve ser melhor utilizado. Temos a possibilidade de nos enriquecermos intelectualmente e de termos uma visão equilibrada do mundo. Temos a possibilidade de não sermos manipulados e também de não manipularmos a ninguém, incluindo a nós próprios.

Repito que isto não é um apelo à imparcialidade, afinal ela não existe. Somos, todos, parciais em algum grau. Mas é possível sermos parciais e ao mesmo tempo honestos, tolerantes e ponderados. É preciso ponderar, sim, e é preciso saber admitir erros. Enquanto justificarmos todos os meios em nome das ideias, a nossa capacidade de amadurecimento intelectual continuará sendo destroçada pela velocidade supersônica da verdade e da mentira.

## *Black Bloc*: o bode expiatório

(A primeira parte do texto foi escrita no dia 11 de Fevereiro de 2013. Seguem-se-lhe duas atualizações, uma do dia 12 e outra do dia 13 do mesmo mês, ambas devidamente indicadas.)

Um cinegrafista foi atingido por um rojão durante confrontos entre a polícia e manifestantes no Rio de Janeiro e, desgraçadamente, morreu. Agora sua morte está sendo instrumentalizada pela classe política – sob forte pressão da mídia – para que se aprove a Lei Antiterrorismo, que obviamente será uma forma de tentar impedir protestos durante a Copa do Mundo ou os Jogos Olímpicos.

É urgente que jornalistas possam exercer com segurança seu trabalho, e é igualmente urgente que manifestantes possam protestar sem sofrer com a brutalidade policial. E ela é absolutamente evidente! Mas como garantir a segurança de um jornalista que se mete no meio de confrontos? É indispensável que os jornalistas cheguem o mais próximo possível dos acontecimentos, mas eles próprios devem medir o perigo. Há uma certa diferença entre ser abatido propositadamente e ser vítima de um acidente altamente provável num cenário de confrontos.

Dizer isso não é relativizar a morte do cinegrafista de forma alguma. O homem – ainda não identificado – que lançou o rojão não o deveria ter feito, assim como a polícia não deveria agir como tem agido. Não dá para defender o responsável pelo disparo do artefato, seja ele um manifestante, um adepto da tática *Black Bloc*, um mero transeunte infiltrado ou um policial. É irresponsável soltar um rojão no meio de pessoas e por mais que o objetivo não tivesse sido atingir alguém em específico, fazê-lo no cenário em que foi feito é absolutamente condenável. Atingiu o cinegrafista, mas poderia ter atingido outro manifestante, por exemplo. Dá para comparar o ocorrido com o caso da jornalista ferida no olho no ano passado. Ela foi atingida pela polícia que disparou balas de borracha claramente em direção aos manifestantes. Tendo ou não um alvo, é de se condenar que se disparem projéteis perigosos no meio de grupos de pessoas. O responsável pelo ferimento à jornalista não foi punido e a polícia continuou agindo com a mesma truculência. No caso do cinegrafista, sobrará para um rapaz que, até onde se sabe, apenas portava o rojão. Deverá ser indiciado? E os policiais que diariamente acedem a manifestações sem identificação? Quem terá sido o verdadeiro autor do disparo? Antes de se falar em manifestantes ou em *Black Bloc*, deve-se apurar isto. E a mídia, que fala em assassinato, deveria ter a decência de recriar toda a situação num cenário de confronto face ao qual o cinegrafista arriscou-se ao pôr-se dentro dele. Ele não tem culpa; estava fazendo o seu nobre trabalho. Tampouco foi assassinado cruelmente como agora vociferam. E o que dizer da Band, empresa para a qual ele trabalhava? Não terá ela nenhuma culpa? Quem acompanha as manifestações desde Junho passado sabe que elas têm sido sempre tensas e recheadas de confrontos. Não se envia alguém para trabalhar dentro delas sem proteção.

É vergonhoso como esses abutres da comunicação em massa foram rapidamente caçar um bode expiatório dentro dos grupos mais ativos que protestam pelo Brasil, virando a opinião pública – sempre tão facilmente maleável – contra eles. Há alguns dias fizeram o mesmo com o caso do fusca incendiado, já desmentido com a comprovação através de vídeos de que ninguém havia ateado fogo a ele e o seu motorista foi quem avançou sobre o colchão em chamas. Agora estão noticiando a morte do cinegrafista como assassinato e culpabilizando o *Black Bloc*, promovendo uma verdadeira caça às bruxas. Ora, até então, na esmagadora maioria dos casos em que jornalistas ou cinegrafistas foram vitimados por algum tipo de violência, a polícia sempre foi comprovadamente culpada e a mídia sempre foi demasiado branda nas críticas à generalidade da ação policial – para ela há uma enorme diferença entre violência policial contra jornalistas e contra manifestantes.

A morte do cinegrafista – que é tão lamentável e triste quanto a morte dos manifestantes que já pereceram desde que as manifestações surgiram – foi um acidente (ele estava no meio dos confrontos) que poderia ter sido causado tanto pelos manifestantes quanto pela polícia e poderia ter vitimado qualquer outra pessoa, incluindo manifestantes ou policiais. Haveria festa nos confins da Internet caso o vitimado fosse um manifestante, a direita não diria absolutamente *nada* e a mídia remeteria o caso ao rodapé. O cinegrafista não foi um alvo definido, o que, diga-se, não diminui o peso da tragédia. No máximo, acusa-se de homicídio involuntário ao responsável pelo artefato usado, não a totalidade dos manifestantes, como tentam fazer a mídia, o governo petista e a asquerosa direita de plantão na Internet, que agora vomita seu ódio contra os manifestantes, mas que quando sentiu que poderia fazer parte dos protestos e desviar o foco todo para o governo federal, não hesitou, inclusive promovendo perseguição violenta a quem erguesse bandeiras ou vestes vermelhas.

Desde o primeiro dia dos protestos, em Junho de 2013, a polícia brasileira sempre procurou o confronto, sempre provocou e sempre foi truculenta e excessiva. Ela é responsável pela tensão criada a cada manifestação de rua. Essas manifestações nunca pertenceram à direita e nem ouviram as diretrizes da mídia. Elas existem diariamente porque há pessoas e grupos ativos envolvidos na organização de atos enquanto os reacionários vomitam sua fúria na Internet. Essa gentinha repugnante, retrato fiel do Brasil das gentes *de bem* e dos *bons costumes*, aliada à imprensa controlada por um pequeno punhado de grupos financeiros, irá sempre tentar jogar o povo contra os manifestantes, e quase sempre terá sucesso. Mas é preciso lembrar que há a opinião pública da Internet e há a opinião pública das pessoas nas ruas, e elas não são tão similares como nos fazem crer. É interessante ver como o anonimato da Internet torna as pessoas ainda mais embrutecidas. 99% do discurso encontrado no rescaldo das notícias não passa de histeria e simplismo grosseiro, sempre acompanhados de fúria pseudojusticeira e de uma gigantesca lacuna onde deveria haver capacidade de discernimento. Trava-se uma implacável guerra ideológica nas entrelinhas da informação e os vencedores são sempre os mais bestialmente desprovidos de escrúpulos.

Sobre o *Black Bloc*, os mascarados, essa gente agora demonizada por uma opinião pública transformada pela mídia em *idiota útil*, só digo uma coisa: têm cada vez mais o meu apoio! O preço do transporte voltou a aumentar e os que se utilizam dessa tática são dos poucos que estão na rua, enquanto as gentes *de bem* se reduzem à pequenez dos seus comentários no mundo virtual, influenciados por uma narrativa comprometida com o que há de mais retrógrado.

Atualização (12/02/2014)

Agora começam a chover textos na mídia apelando à total desqualificação dos protestos. Textos que servem apenas para saciar o apetite dos famintos por respostas imediatas simplistas. Em primeiro lugar, a comparação feita por Ruy Castro, na sua coluna na Folha (só podia ser...), entre manifestações (mesmo as mais agressivas) e a violência psicopata é de uma desonestidade intelectual aberrante. Manifestações violentas (o certo é chamá-las de confrontos entre polícia e manifestantes, geralmente provocados pelos primeiros) acontecem em todos os países, incluindo os mais avançados e calmos do mundo. Elas nunca foram característica especial dos brasileiros. Em segundo lugar, a imprensa brasileira assume essa carapaça judicial e faz seus julgamentos, mas não há nenhuma prova que ligue o autor do disparo a um grupo em concreto, nomeadamente ao *Black Bloc, que não é um grupo* (é incrível ter de repetir isto todas as vezes que o termo é mencionado). Por último, os jornalistas da grande imprensa corporativa estão conseguindo, com essa pressão histérica, levar a classe política – que gosta da ideia – a implantar a Lei Antiterrorista, que irá enquadrar protestos de rua e poderá significar trinta anos de cadeia para manifestantes sob alguma alegação. As elites estão conseguindo instrumentalizar ao máximo a morte do cinegrafista.

Lembram-se do PT, aquele partido da estrelinha vermelha? Esqueçam! O símbolo do PT deveria ser um tucano. Essa corja de burocratas já não sabe o que são movimentos sociais porque eles são-lhe inconvenientes. E os simpatizantes do PT parecem baratas tontas, vivem oscilando entre discursos revolucionários de sinceridade duvidosa e discursos agressivamente reacionários que causam inveja à própria extrema-direita. São uns oportunistas que não têm nenhum respeito pelo cinegrafista morto e utilizam-no como instrumento para políticas repressivas. A tragédia pessoal de Santiago está sendo usada para acelerar a aplicação da Lei Antiterrorista para enquadrar manifestantes.

As últimas notícias sobre o caso tornam todo o cenário absolutamente fétido. As pessoas acreditam em tudo o que se publica desde que vá de encontro aos seus interesses (político-partidários). Agora duvido muito que esse rapaz preso (um camaleão que de branco passou a negro) alguma vez fez parte de algum grupo ou teve alguma relação com quem adota a tática *Black Bloc*. Já estão dizendo que o *Black Bloc* recebe dinheiro de partidos e até que financia tráfico de drogas. Começa a me cheirar a montagem, afinal o bode expiatório é perfeito. Até há uns tempos atrás o *Black Bloc* contava com a simpatia da maioria da população segundo as pesquisas da própria imprensa corporativa e a tensão só ia aumentando conforme nos aproximamos da Copa do Mundo. Era preciso, de alguma forma, travar a crescente adesão aos protestos mais radicalizados. Pouquíssima gente está interessada na verdade e durante esses dias os meios de comunicação em massa serão uma versão coletiva de uma Rachel Sheherazade ou de um Datena da vida. Cobrarão que se traga a público culpados por crimes cujos julgamentos já foram feitos por eles. O objetivo não é fazer justiça, mas calar as vozes das ruas e cortar o elo entre elas e a opinião pública, os consumidores de (des)informação.

Atualização (13/02/2014)

Depois de assistir a vários vídeos publicados na Internet, algumas suposições devem ser descartadas em abono da verdade. Ontem, pelas informações analisadas até então, eu estava quase convencido de que o sujeito preso ou era o que se chama de *P2*, ou seja, um infiltrado da polícia, ou estava sendo acusado por um crime cometido por uma outra pessoa que poderia ser um *P2*. Mas, hoje, ao analisar com cuidado várias fotos e vídeos, parece-me evidente que o rapaz preso não é o mesmo tipo que as imagens mostram falando com a polícia. Ambos têm camisa cinza suada e calças jeans claras, mas alguns detalhes comprovam tratar-se de duas pessoas diferentes. O rapaz preso é pardo e usa sapatos bege. O indivíduo de capuz preto visto recebendo o presumível rojão, que parece mesmo ser o que foi preso, de nome Caio Silva de Souza, tem também camisa cinza suada, calças jeans claras e sapatos bege. Também há algumas fotos que o mostram, de frente, segurando um lenço ou camisa preta numa das mãos. Já o outro rapaz, branco, com o perfil semelhante ao do ator Wagner Moura, tem a pele nitidamente mais clara e usa sapatos pretos. Se é *P2* ou não, não se sabe até então. Nos vídeos ele é visto no meio dos manifestantes ou falando com a polícia (junto com outros manifestantes) como se informasse do ocorrido com o cinegrafista.

Nenhum video mostra o rojão sendo disparado e ainda há várias perguntas que precisam de resposta. A primeira delas, imprescindível para encerrar as dúvidas, tem a ver com a direção seguida pelo artefato. Pouco tempo após o ocorrido, alguns jornalistas da grande mídia que estavam no local afirmaram ao vivo que ele teria sido disparado pela polícia. As imagens não são muito claras nesse sentido e mesmo após analisá-las várias vezes, fiquei na dúvida. Há uma imagem que sugere que o disparo teria vindo do lado da polícia, mas pode ser apenas um efeito enganador dos estilhaços do rojão. Noutras imagens, parece que o rojão atingiu o cinegrafista por trás vindo do lado dos manifestantes. O que se sabe é que tanto Caio como Fábio confessaram aquilo de que foram acusados, ou seja, o primeiro teria disparado o rojão dado pelo segundo. Não conheço a proveniência de nenhum dos dois e muito menos as suas ideias políticas e nem as preciso conhecer por serem irrelevantes perante o ocorrido. Um rojão disparado irresponsavelmente no meio de uma manifestação atingiu e matou um cinegrafista e a atenuação das responsabilidades a serem assumidas só poderá vir da falta de intencionalidade e não das convicções ideológicas. Mas também é preciso dizer que nem Caio nem Fábio são assassinos como gritam telespectadores reproduzindo a grosseria desinformativa dos *opinion makers*. Não são criminosos cruéis, vagabundos perigosos nem psicopatas. A morte de uma pessoa resultou de um acidente com um rojão. Pela lei, configura-se o crime, sim. Mas não foi intencional. Os rapazes não agiram com a intenção de matar ninguém nem de atentar contra a liberdade de imprensa. Isto quem faz muito bem é a polícia e é bom não esquecer que Santiago foi o primeiro jornalista morto – e não o primeiro vitimado –, mas não foi a primeira vítima mortal das manifestações e nenhum dos casos anteriores teve manifestantes como culpados. Com uma sociedade que despreza a coleta racional e coerente dos fatos e que berra por respostas simples imediatas, pipocam pseudo-*experts* em psicologia e sociologia por todos os lados, e os jovens manifestantes, até então vistos como esperança para o futuro, são remetidos ao papel de manipulados e baderneiros sem causa por essa trupe fajuta.

Mas há outras perguntas pertinentes: por que o advogado que defende tanto a Caio como a Fábio é o mesmo? Por que ele tentou tão apressadamente ligar o deputado Marcelo Freixo aos acusados? Qual a ligação desse advogado com as milícias policiais do Rio de Janeiro? Por que ele sugeriu que os *black blocs* são financiados por partidos? Por que o *Black Bloc* enquanto tática (embora confundida sempre com grupo) se tornou tão rapidamente, sem comprovação, e apenas com o julgamento conveniente da mídia, o grande bode expiatório? Por que a polícia do Rio de Janeiro tem utilizado tantos *P2* nas manifestações? De uma hora para outra, manifestantes que vinham tendo a simpatia da maior parte da população e que inclusive se tinham tornado heróis para os professores em luta do Rio passaram a ser os grandes vilões e culpados de todas as mais conspiratórias das acusações? Fala-se até em tráfico de drogas! A quem interessa virar o povo contra os manifestantes às portas da Copa do Mundo? Por que a mídia amplificou tanto um caso e ignorou tantos outros que também tiveram a morte de pessoas nas manifestações? Se o disparo tivesse sido feito pela polícia, todo esse alarido existiria?

As últimas comprovações em relação aos autores do disparo e, portanto, do crime, não alteram em nada a minha opinião sobre a cobertura da mídia, sobre a postura da polícia e sobre a atuação dos *black blocs*. Aliás, talvez seja bom discorrer um pouco sobre essa tática que tem sido utilizada como bode expiatório de uma forma tão grotesca. Ela não é nova e nem surgiu no Brasil durante as manifestações de Junho de 2013. Ela não é uma consequência do estado de violência no qual o Brasil está afundado, como sugerem os formadores de opinião da grande mídia, e muito menos é financiada por partidos. Essas acusações que governistas e oposicionistas fazem, uns empurrando os *black blocs* para os outros, não passam de politicagem e clubismo partidário. O *Black Bloc* é uma invenção europeia, nomeadamente alemã e, pelo que consta, surgiu com os anarquistas de Hamburgo, uma cidade conhecida em toda a Europa por ser um importante bastião de movimentos libertários e *squats* (ocupações) bem ativos e consequentes. A tática supria a necessidade não apenas da ação direta em protestos, mas da própria autodefesa. Por exemplo, quando a polícia tentava desalojar um *squat*, o *black bloc* era utilizado para resistir à investida e, obviamente, confrontos violentos se instauravam. A tática ganhou notoriedade mundial sobretudo com os grandes protestos antiglobalização, tendo o seu ápice durante a reunião do G8 em Gênova em 2001, que acabou em uma batalha campal gigantesca resultando na morte do anarquista Carlo Giuliani, vitimado por um tiro na cabeça a sangue frio disparado por um *carabinieri* no meio dos confrontos. Em Praga, no ano anterior, a batalha campal também tinha sido muito dura e talvez a necessidade de organizar o *black bloc* com mais rigor tenha surgido na primeira das grandes manifestações em 1999 na cidade de Seattle – embora o início dos protestos contra o G8, o Banco Mundial, o FMI e a OMC remonte ao final dos anos 80 –, quando os manifestantes pacíficos foram brutalmente reprimidos por batalhões da polícia de choque. Desde então, o *Black Bloc* vinha sendo utilizado sobretudo na Europa e algumas imagens de protestos mais encarniçados chegavam ao Brasil e todos pareciam olhar para elas e dizer: *pois é, só aqui é que isso não acontece e o povo não faz nada contra essa corja de corruptos.* Até que pequenos grupos anarquistas, politicamente engajados, deram a conhecer a tática aos grandes aglomerados que se transformaram em manifestações gigantescas por todo o Brasil. Os manifestantes logo se aperceberam das vantagens em adotar uma postura defensiva efetiva e preparada para a ação direta contra a polícia (talvez quem nunca participou de protestos não compreenda a necessidade de um contingente defensivo pronto para agir ofensivamente). E também perceberam a importância de romper com desfiles carnavalescos arrogantemente ignorados pelo poder político. Ao contrário do que ainda hoje acontece na Europa, a tática *Black Bloc* no Brasil não é utilizada apenas por anarquistas e dizer que todo *black bloc* é anarquista é engolir uma das desinformações da mídia. Ela começou a ser gerida de alguma forma por grupos anarquistas que eram os únicos, no começo das manifestações, que sabiam o que ela significava e ainda hoje tentam coordenar ações e ideias através das suas páginas nas redes sociais, mas a tática tem sido usada por vários grupos, ideológicos ou não, e tem sido sabotada por policiais infiltrados, como muitos vídeos publicados no *Youtube* comprovam.

O resultado disso foram as grandes manifestações com confrontos violentos. Quando a polícia agredia, sofria agressão à altura. É claro que, dentre tanta gente com os nervos em chamas, haverá sempre os que se desequilibram e partem para ações mais precipitadas, como quebrar e incendiar carros e lojas de cidadãos que nada têm a ver com as elites. Mas estamos falando de manifestações a sério, de revolta popular, e ela *sempre*, em qualquer parte do globo, foi expressada em excessos, contradições e atos desesperados. Sempre! É isso que caracteriza a revolta popular. Alguém espera que a luta nas ruas seja feita por intelectualóides responsáveis? A revolta mais genuína é a revolta do povão oprimido economicamente. Esse povão forma uma massa heterogênea, confusa, sem grandes convicções ideológicas, sem discursos coerentes e profundos, mas com a revolta genuína de quem sente na pele a humilhação, e essa revolta é muito mais forte quando unificada e apontada para um alvo do que qualquer postulado ideológico intelectual. Claro que há causas e reivindicações, por mais esfumadas que algumas possam ser, e elas são quase sempre identificadas com o que se entende por lutas da esquerda por um motivo evidente: a direita representa o *status* e os privilégios.

*Sempre* foi assim. A direita sempre negou as causas populares, sempre desprezou os sindicatos e os grupos desprovidos de teto ou terra. A direita sempre tentou se agarrar aos valores burgueses e às elites higienistas e nunca assumiu o protesto de rua como uma forma de luta. Nunca! A direita sempre odiou movimentos sociais e protestos e é por tudo isso que as lutas estão ao lado dos valores da esquerda, seja a do espectro político-partidário, seja a que foge a ele e que nem deve ser chamada de esquerda exatamente por não ser parte desse espectro. Ora, a direita que diz que as causas sociais estão sequestradas pela esquerda e que reivindicam espaço dentro delas é hipócrita e parece ignorar a própria história das suas ideias. A esquerda disseminou-se pelas causas sociais porque foi sempre quem deu ouvido a elas e quem tentou dar sentido organizativo ao sentimento de revolta. É ululante!

Dito isso, e no meio de tanta histeria, tanta desinformação vinda de *todos* os lados, tanta gritaria, tanto julgamento midiático e tanta incapacidade de discernir a conjuntura dos acontecimentos numa ordem social, política e econômica, eu sei bem de qual lado estou. Apesar de todas as contradições e de todos os excessos, eu estou ao lado de quem está na rua em revolta. Escrevo à distância, de um país europeu que está afundado numa crise gravíssima que tem concentrado riqueza nas elites e destruído o *Welfare State* e as conquistas sociais que só foram possíveis através da luta popular. Ao contrário do que tem ocorrido no Brasil, por aqui, em Portugal, as pessoas continuam adormecidas e embora todos estejam fartos de uma crise que tem enviado milhares de jovens por ano a procurar trabalho no exterior, não há materialização da revolta e o *pão e circo* continua gerindo bem as emoções populares, desviando-as de comportamentos ativos *perigosos*. A minha vontade é de estar no Brasil reforçando quem está nas ruas, seja mascarado ou não. A mídia tem poder para moldar o sentimento do povo e não me espantará se a partir de agora o teor da perseguição e criminalização dos movimentos sociais aumentar a um nível ainda mais agressivo. Quem está de alguma forma ligado às manifestações e às suas causas deve perceber que a luta não é apenas caminhando nas ruas, gritando palavras de ordem e resistindo à polícia, ela também é travada nas entrelinhas da informação e na gestão da compreensão da mesma, na capacidade de discernir, de compreender, de filtrar, de reconhecer manipulações emocionais. A grande mídia brasileira é um dos grandes inimigos das mobilizações sociais e deve ser combatida com o mesmo vigor com que se luta contra as medidas antissociais do governo. O jornalista morto, o pobre coitado que teve a infelicidade de ser atingido no meio dos confrontos, não é mártir da mídia nem do governo nem das *pessoas de bem*. Ele é um mártir da própria família e de um país em profunda convulsão social que clama por justiça. Instrumentalizar a sua tragédia pessoal é repugnante, mas os inimigos da revolta popular, os que têm medo dela, o farão e expressarão o oportunismo tanto da direita higienista à espreita para abocanhar o poder político, como da esquerda governista burocratizada e convertida numa quadrilha reacionária viciada no poder.

Por fim, eu gostaria de deixar um recado para Vanessa Andrade, a filha do cinegrafista Santiago: seja uma grande jornalista e honre a memória do seu pai. Desejo que a sua profissão possa ser exercida com mais respeito por parte das empresas de jornalismo e com mais segurança por parte da sociedade. Sobretudo, espero que você dignifique a profissão e atue fazendo a diferença positivamente, porque uma profissão tão importante e digna como essa não merece ser exercida por gente tão medíocre, desonesta e funcionalmente *analfaburra* como as que controlam os grandes grupos que a mantêm sequestrada.

## Justiceiros e discursos de ódio

(Fevereiro de 2014)

*"Num mundo que prefere a segurança à justiça, há cada vez mais gente que aplaude o sacrifício da justiça no altar da segurança. Nas ruas das cidades são celebradas as cerimônias. Cada vez que um delinqüente cai varado de balas, a sociedade sente um alívio na doença que a atormenta. A morte de cada malvivente surte efeitos farmacêuticos sobre os bem-viventes. A palavra farmácia vem de phármakos, o nome que os gregos davam às vítimas humanas nos sacrifícios oferecidos aos deuses nos tempos de crise."* (Eduardo Galeano)

Para começar, é preciso que todos entendam que *ninguém* defende bandido. Reconhecer a necessidade de garantir o Estado de Direito não significa defesa efetiva de criminosos. Isto deveria estar absolutamente digerido por todas as pessoas que por algum motivo decidem participar no debate sobre o tema da criminalidade. Deveria ser a mais pacífica das conclusões. Mas não é. Por mais que nos expliquemos quanto a esta questão, as pessoas que assimilaram os discursos demagogos continuam repetindo exaustivamente que os bandidos são defendidos pelo *pessoal dos direitos dos manos*. Parece-me gravíssimo desdenhar dos direitos humanos a ponto de a referência a eles ser feita com esse trocadilho insensato. No Brasil, os métodos punitivos são obsoletos e comprovadamente ineficazes. Para quem é adepto de uma *boa vingança*, de uma *carnificina de bem*, não há nada melhor do que o cenário atual. Embora haja toda uma retórica que se alimenta na ideia de que o Brasil é o país da impunidade, a verdade é que as pessoas ligadas ao crime violento não têm uma esperança média de vida prolongada. Estão condenados pelo inevitável destino de atuar perigosamente. Cometer crimes continua não sendo um bom negócio para quem não possui grandes fortunas. A cultura de violência e de vingança defendida pelos Bolsonaros da vida é um agravante de todo o caos social de uma sociedade que tem 160% de lotação dos seus presídios e uma desigualdade socioeconômica obscena. Não teremos reais melhorias na segurança sem uma mudança de paradigmas quanto à distribuição de renda. A realidade é implacável quanto a isso.

Entretanto, tanto quanto agravar a situação, os discursos de ódio escondem algo tenebroso: o total vazio argumentativo. Os indivíduos que os propagam não estão minimamente interessados em atuar no sentido de procurar soluções concretas e razoáveis para o problema. Seu interesse é meramente imediatista e emocional, não passando de um desabafo agressivo. Perante a gravidade da situação, os desabafos são até compreensíveis; as pessoas estão cansadas de tanta insegurança e atrocidade. No entanto, eles nunca poderão configurar contributos para o desenvolvimento da questão. Desabafos não têm valor científico e não têm aplicabilidade jurídica. Só alguém desprovido de lucidez pode acreditar que os discursos de ódio servem para substituir séculos de estruturação do Direito. Por mais absurdo e surreal que possa parecer, a maioria das pessoas parece acreditar no valor superior dos discursos de ódio sobre o Estado de Direito. Convencem-se disso diariamente enquanto se negam a pensar. O exercício dispendioso de *queimar neurônios* desenvolvendo linhas argumentativas parece não ter a atração de um bom desabafo que parece tirar pesos das costas e desobstruir a respiração. Negar-se a pensar é um direito. Ninguém deve ser obrigado a se recolher à consciência e passar horas tentando construir argumentos coerentes. Mas essa desobrigação tem suas implicações. Uma delas é a incapacidade do indivíduo que não pensa de participar do debate sobre um problema complexo. Preferindo o desabafo instantâneo, ele não terá como contribuir positivamente na resolução do que quer que seja e deveria saber retirar-se para não atrapalhar. Todavia, o que acontece é exatamente o contrário: os que se negam a pensar são justamente os que mais querem se impor nas discussões. O poder atrativo de frases raivosas de efeito, sempre com o apelo justiceiro, é intoxicante. O que poderá agarrar-se mais às mentalidades enferrujadas, a máxima *bandido bom é bandido morto* ou uma extensa e enfadonha argumentação erudita toda gongórica? Perante um população que se nega a pensar mas que arrogantemente exige respostas imediatas e simplistas, o que poderá ter mais sucesso que o carisma mórbido dos propagandistas do ódio?

Dentro de uma sociedade que se pretende democrática – uma democracia bem duvidosa, diga-se –, é insustentável que o povo não participe ativamente na resolução dos seus problemas. É de vital interesse do cidadão comum que ele esteja capacitado intelectualmente para poder exercer a sua cidadania. Mas num país em que a educação é tão mal tratada, tal cenário torna-se quase utópico. A maioria das pessoas não quer contribuir; quer respostas simples a perguntas fundamentadas em pura demagogia. Eis alguns exemplos da negação à racionalidade:

*E se um bandido matasse a sua mãe?*

*Eu queria ver como ficaria essa sua conversa de direitos humanos se alguém estuprasse a sua irmã.*

*Quer defender bandido? Vá visitá-lo na cadeia. Quer sustentar bandido? Doe seu dinheiro para ele ou o adote.*

*Quer dar liberdade para bandido? Então me dê a liberdade de ter uma arma.*

*Acha que bandido é coitadinho? Adote um quando ele sair da cadeia.*

*Direitos Humanos servem única e exclusivamente para defender criminosos.*

*Direitos Humanos defendem a nossa liberdade? Então por que me proíbem de ter uma arma?*

*Direitos Humanos só servem para encher o bolso de advogados e ativistas.*

Todos esses exemplos são reais e preenchem diariamente o espaço do que deveria ser uma troca de argumentação séria. Ora, quem se limita a esse nível rasteiro está realmente interessado em colaborar? Ou estará apenas tendo uma postura lamentavelmente nefasta que só serve para alimentar rivalidades inúteis? Só com a negação da própria racionalidade uma pessoa pode não perceber a armadilha contida nesses desabafos. A resposta às perguntas retóricas são extremamente fáceis, embora talvez pouco satisfatórias para quem defende a vingança como política pública: como já disse, caso alguém violasse a minha irmã ou matasse a minha mãe, eu perderia a cabeça. Sairia do meu estado de consciência e me tornaria uma pessoa perigosa. É quase certo que tentaria vingar-me com as próprias mãos, fazendo o criminoso pagar da pior forma pelo seu crime. E é exatamente por isso que eu deveria ser afastado das decisões inerentes à punição a ser aplicada ao criminoso. A simplicidade da resposta comprova que quem fez a pergunta não se interessou em avançar além de um nível inicial de pensamento. O nível mais básico, mais elementar. Um nível que é apenas um ponto de partida, enquanto querem fazer dele um ponto de chegada. É dramático querer transformar introduções em conclusões, mas é exatamente isso que têm feito do alto de uma boçalidade cacofônica.

Todos nós que temos o privilégio de sentar numa poltrona confortável dentro de um quarto bem ambientado, com o bucho cheio de comida suculenta acessível a todo instante, deveríamos sentir a obrigação de desenvolver pensamentos mais aprofundados antes de participar de debates sobre questões socialmente imprescindíveis. Problemas complexos exigem soluções complexas. A alternativa razoável é não atrapalhar. Mas as pessoas preferem dar um contributo negativo quando falam muito e não têm nada a dizer. Defendo a participação popular nas questões vitais da organização social. Meu modelo desejado de democracia é o popular, em que os instrumentos de decisão estejam verdadeiramente sob o controle do povo e em que as comunidades tenham voz ativa e consequente. Tenho total aversão a ambientes elitistas que se utilizam de tecnocracia ideologicamente comprometida para decidir acerca da vida pública. Esse tipo de questão *deve* ser discutido com o povo e não estar limitado a gabinetes fechados. E é exatamente por isso que defendo um comprometimento se preciso obsessivo com metas educacionais. Uma sociedade séria e equilibrada, que poderá ser chamada talvez de democrática, é a que incentiva genuinamente os seus cidadãos à instrução para que possam ser membros ativos do desenvolvimento coletivo. Vejamos o que é a realidade brasileira em relação a isso para termos noção da gravidade da situação. Talvez não baste o conhecimento empírico porque bem sabemos que as pessoas que vivem em ambientes de exclusão também absorvem os discursos de ódio. O atual cenário de polaridade política que se acometeu sobre o Brasil oferece pouco espaço para a razoabilidade, de forma que os elementos demagogos e populistas desfrutam de ampla aceitação e encontram espaço para a propagação das suas ideias. Mas analisando-as objetivamente, regresso à constatação inicial: os discursos de ódio carregam o vazio. Não oferecem nada além da possibilidade de alívio imediato por meio de desabafos inconsequentes. Não há nada concreto advindo desses discursos. Perante eles, poderei repetir centenas de vezes que não tenho nenhum interesse em defender bandidos e ainda assim serei acusado de os defender. Pessoas que nunca se preocuparam em entender o que são os direitos humanos irão chamá-los de *direitos dos manos* achando que estão empreendendo algum tipo de raciocínio genial, e estarão tão intoxicados pelo orgulho da própria ignorância que não se darão conta da bizarrice que apregoam. Perante um problema tão grave, é triste que as pessoas não se sintam verdadeiramente estimuladas pelo desafio de unir esforços para encontrar soluções, preferindo a limitação de clichês e frases de efeitos já tão ultrapassadas. Atuar contra os direitos humanos é como ser um cachorrinho agitado ladrando contra os direitos dos animais. É um tiro num escuro tão profundo que os impede de ver que estão apontando para o próprio pé.

## A revolta dos *nerds* rejeitados

(Abril de 2014)

Mulheres libertinas praticantes de promiscuidade, a culpa é toda de vocês. Parem de privilegiar o politicamente correto e vão fazer sexo com os bronheiros *coitadistas* de direita! Com os nerds *tecnicistas*! Com os colunistas de *fanzines* de grande tiragem. Mas batam em sua porta, porque eles não saem de casa. Entreguem-se à libido politicamente incorreta. Não há nada mais excitante do que um bom clichê e um preconceito de efeito no canto da boca. É tão evidente a conspiração comunista das mulheres; qual é mesmo a cor da menstruação? Aliás, mulher não tem capacidade para discernir sobre política, elas são apenas o alvo do discurso bonitinho dos homens esquerdistas manipuladores. Qualquer um, com umas palavras revolucionárias, pega quem quiser. Boicote à mulherada, já!

E, por favor, ajudem a mitigar um pouco a carência (para não dizer frustração) de Rodrigo Constantino e Luiz Felipe Pondé, porque o que essa dupla de machões diz sobre a luta feminista é pornograficamente bizarro.

## Uma religião chamada PT

(Junho de 2014)

Já há algum tempo deixei de acreditar que ideologia define caráter. Com algumas óbvias exceções, claro. Parece-me impossível haver um *neonazista* boa pessoa. Mas esse é um caso extremo que se não caracteriza, pelo menos beira o fanatismo e o ódio patológico. A minha observação é sobretudo nas ideologias que têm ao menos um mínimo elemento harmônico na sua concepção de vida em sociedade e, entre elas, pego no espectro político para definir dois campos bem abrangentes: o socialista e capitalista, por assim dizer. Claro que muita gente torce o nariz para a utilização desses termos, mas eles servem bem para a minha reflexão. Há alguns anos, quando eu era muito apaixonado pelas ideias e pouco maduro, não me restavam dúvidas de que qualquer pessoa que se assumisse como sendo de direita ou defensora do capitalismo era, automaticamente, minha inimiga mortal e não merecia mais do que o meu repúdio mais enfático. Por outro lado, quase como por predefinição, qualquer pessoa assumidamente de esquerda ou socialista (tenham atenção ao fato de eu não utilizar *esquerda* e *socialismo* como sinônimos) era, na pior das hipóteses, cheia de boas intenções, e por mais que demonstrasse algumas falhas de

67

caráter, o abono das ideias sempre suavizava qualquer reprovação.

Hoje não penso mais assim. Não sei exatamente o que me fez mudar. Uns dirão que foi a idade, outros dirão que foi a formação acadêmica científica e com apelo à razão. Outros poderão dizer que já não sinto as ideias como outrora as sentia, como quando as ia desvendando pouco a pouco. Pode ser, mas não creio. Não me cansei da política e continuo cada vez mais interessado por ela. Aliás, depois de refletir um pouco, passei a apostar na hipótese de que o que me transformou numa pessoa politicamente tolerante foi exatamente o meu interesse pela política, ou seja, o meu enorme gosto em debater ideias, em abordar problemáticas, aprofundar pensamentos e, sobretudo, confrontar-me com concepções opostas não apenas para superá-las, mas para aprender com elas. Acho que essa foi a postura mais inteligente que já assumi enquanto indivíduo politizado.

Isso não quer dizer que eu não tenha uma ideologia. Muito pelo contrário. Certa vez, há muito tempo, perguntado pela mãe de um amigo de classe média alta se eu era de esquerda, respondi-lhe, no fervor da juventude, que era anarquista. Eu já sabia muito bem o que o anarquismo significava, já tinha lido algumas coisas de Bakunin e

Proudhon e estava tentando convencer-me a não desistir de ler *O Capital* de Marx, embora acabaria por abandoná-la devido à sua complexidade e extremo enfado para uma mente adolescente. A mãe do meu amigo disse, num contra-ataque fulminante e implacável, que eu ainda era muito novo e que, amadurecendo, esqueceria aquela tolice. Hoje, treze anos depois, já com uma preocupante quantidade de cabelos brancos na cabeça, continuo achando que o anarquismo é a melhor ideia de organização da sociedade já concebida pela mente humana. Não é perfeita, porque, afinal, é humana. Mas é a ideia mais avançada do ponto de vista ético e mais justa do ponto de vista social. Se é viável ou não, creio ser uma questão de tempo e de evolução constante. Ah! Sim, essa é uma das minhas grandes divergências metodológicas com outros anarquistas. Eu não acredito tanto na revolução. Quer dizer, acreditar nela como retórica ou mesmo como pressão social, acredito. Não digo que não considere a revolução necessária. Não é isso. O problema é que não vejo como uma revolução poderá ser viável atualmente. O grande perigo de um processo revolucionário nos dias atuais é ele acabar numa ditadura de interesses perfeitamente opostos aos que a provocaram. Sou um reformista? Não! Tenho alergia dessa trupe, até. Mas não me incluo no grupo dos que metodologicamente defendem a revolução aos moldes do século XIX. Vivemos noutro tempo. E temos muito para comemorar, porque se por um lado é verdade que não conseguimos concretizar as nossas revoluções – a perda da mais profunda delas, a espanhola, ainda é muito dolorosa –, por outro as tentativas de as provocarmos fizeram com que as sociedades avançassem e chegassem ao que temos hoje, que apesar de todos os pesares (e são muitos) é algo muito melhor do que o que existia há cem anos. Evolução! Mas uma evolução só possível pela insistência dos revolucionários mais apressados. É nisso que eu me incluo. Sou um evolucionário. Eu não quero apenas a revolução nas ruas, com violência e destruição da sociedade doente vigente. Eu quero a mudança a partir das mentalidades. Não basta tomarmos as ruas. Precisamos tomar as ruas sabendo o que fazer. Não basta derrubarmos o poder quando toda a estrutura mental da sociedade só está preparada para substituir um poder por outro. Enfim...Esta é uma divagação anarquista que até se abrange às perspectivas da esquerda em geral, mas não é o meu ponto. O importante era eu dizer que sim, que sou um idealista e não quero convencer a ninguém de que eu seja neutro ou imparcial, como também ninguém me convencerá do mesmo. Somos todos parciais.

Onde quero chegar? O título do texto não está errado. Quero chegar ao PT, o Partido dos Trabalhadores, que atualmente é o partido que lidera a confusa e heterogênea coligação governista no Brasil. Quando ele chegou ao Executivo, eu pensei que somente o melhor do caráter humano poderia ser aproveitado para transformar o Brasil. Também pensei que Lula não fosse se reciclar tanto. Mas tudo bem. Antes com Lula e agora com Dilma, o PT apresentou seus projetos e teve seus méritos. E atenção: eu reconheço as melhoras que o Brasil teve. Elas não são tão grandes quanto os petistas publicitam e nem tão pequenas quanto a oposição vocifera. Houve avanços. Do meu ponto de vista, foram insuficientes, mas eles existiram. O problema é o esgotamento político do PT, o seu esvaziamento ideológico e o seu total (eu diria até pornográfico) compromisso com a conveniência da governança. O PT deixou de governar com base num projeto social e passou a governar como uma máquina burocrática que tem espasmos só de ponderar a possibilidade de perder a posição que ostenta no poder federal. O PT governa para ser governo. E governa para seus padrinhos, para seus patrocinadores. Isto é o PT; um partido como todos os outros. Há gente boa e bem intencionada lá dentro? Há! Como poderá haver em quase todos os partidos. Nos de direita também. É razoável pensar que o caráter seja cultivado à direita tanto quanto à esquerda. As ideias são outra coisa. *Outros quinhentos*, como se diz na gíria.

Qual é, afinal, o meu problema com o PT? Bem, meu problema é bem mais com a base petista. Dele eu não espero mais do que o que eu espero dos outros partidos grandes. O PT está longe de ser socialista e mais ainda de ser comunista. Ele gere um país capitalista que, durante a última década, tentou (graças ao PT) implantar uma tímida social-democracia. Bem mais tímida do que a social-democracia dos países europeus, muitos dos quais governados por partidos de direita, diga-se. Ah! Sim, atualmente é complicado falar em *Welfare State* na Europa devido ao advento da crise. Mas acho que deu para perceber onde quero chegar.

O problema está na base petista. Ou pelo menos em parte dela. Quando eu vejo pessoas mentindo descaradamente e com orgulho, eu sinto que há algo muito errado. A mentira é menos grave por ser uma mentira de esquerda? Quando eu vejo gente que se diz *socialista* gritar em favor do bastão da polícia contra manifestantes de movimentos sociais, parece-me haver uma distorção enorme na cabeça dessa trupe. Quando eu vejo gente de esquerda que sofreu com a ditadura militar dizendo agora que *quem não gosta do Brasil que se mude para outro país*, eu fico com muita raiva. Para quem não sabe, *Brasil, ame-o ou deixe-o* foi talvez o lema mais simbólico da ditadura dos generais. O que há com essa gente?

O comportamento de muitos petistas tem sido o mesmo de um adepto de um clube de futebol ou de um fanático religioso. O PT se transformou, para eles, numa religião. Tudo o que o PT diz é verdade. A verdade só pertence ao PT e a oposição, seja de direita, seja de esquerda, é mentirosa, rancorosa, canalha, *coxinha*, antipatriota. Qualquer notícia desfavorável ao PT é mentira produzida pela mídia golpista (e sim, ela *é* golpista e mentirosa) ou dos arruaceiros mascarados. Qualquer estatística tirada do site do PT ou do governo federal é verdade absoluta. Quer saber a verdade? Quer ser bem informado? Beba na fonte do PT, lá está tudo o que você precisa saber. Aliás, esses petistas não gostam dos EUA e dos seus políticos, mas quando um deles aparece dizendo algo minimamente favorável sobre o Brasil atual, eles nos inundam com suas referências à notícia, pois até a pessoa menos credível passa a ter credibilidade automática quando elogia o PT.

O fanatismo religioso pelo PT atinge o nível da vergonha alheia. Eu vejo gente que sempre foi a favor da liberalização das drogas fazendo campanha *ad hominem* contra uma das principais figuras da oposição nos seguintes termos: *Como? Um candidato envolvido com*

73

*cocaína até às narinas pode ser presidente da república? Fora tucanalhas!* Quer dizer que essas pessoas fazem propaganda pela *marijuana*, fumam seus baseados com orgulho, não se preocupam com os porres etílicos de Lula, mas se tornam os maiores moralistas quando alguém da oposição faz, presumivelmente, o mesmo uso que eles fazem da alucinogenia? É que uma coisa é acusar Aécio Neves de estar ligado ao tráfico e outra coisa é condená-lo pelo uso de drogas. Para esses petistas, suas bandeiras só são hasteadas quando lhes convêm. Quando o vento sopra do outro lado, elas são recolhidas.

E a Copa do Mundo? Há uns anos, o típico militante petista era moderadamente averso aos exageros futebolísticos. Hoje, há essa turma que coloca a seleção brasileira acima dos movimentos sociais e a Copa do Mundo acima das reivindicações populares. E passam isso na cara dos outros com orgulho! Falam da seleção com comoção. Nunca gostaram tanto de futebol como agora. Se, por acaso, a Copa tivesse sido um projeto do PSDB, eles seriam os maiores opositores ao evento e estariam nas ruas acusando os tucanos de desviar dinheiro para projetos desportivos megalômanos enquanto deixam os serviços básicos sucateados. É que só o PT pode! E consideram a Copa do Mundo uma genialidade de Lula, quando os países mais ricos se afastaram oportunamente desses megaeventos (quando a crise econômica deu as caras) e os relegaram aos ingênuos com manias de grandeza (depois do Brasil será a vez da Rússia e do Catar, saindo totalmente da rota tradicional). A Copa do Mundo sofreu o mesmo fenômeno das fábricas: foi deslocada para países com governos mais corruptos e direitos laborais mais flexíveis.

E quando criticam a bancada evangélica? Sim, aquela bancada asquerosa, nojenta, execrável e repugnante formada por mentes teocráticas e totalitárias. Não estou sendo irônico! Considero-os mesmo isto tudo. Os evangélicos envolvidos na política são uma das maiores ameaças à sociedade brasileira. Mas esses tais petistas criticam-na pelo seu fanatismo enquanto reproduzem exatamente o mesmo. A diferença é que em vez do culto a Jesus fazem culto a Lula e ao partidão. O partidão que tudo pode. O partidão que está acima da lei, da moral, da ética, da verdade e do questionamento.

O que dizer dessa gente? Onde está o seu caráter quando mentem com orgulho? Quando se negam ao debate polido, quando rejeitam arrogantemente a autocrítica, quando adotam a postura daqueles que eles próprios criticam para se armarem no embate político, quando escondem sob o tapete todos os problemas internos das suas fileiras, quando se limitam aos ataques *ad hominem*, às falácias e às conclusões superficiais repletas de lugar comum e clichês. Onde está o caráter de quem atropela o bom senso e simplesmente ignora os avisos de que está alimentando equívocos ou inverdades? Onde está o caráter dos que colocam o partido acima da concertação social e dos interesses do país?

Quando eu assumi uma postura mais racional e menos emocional na abordagem política, algo me veio à tona como sendo da mais elevada importância: a autocrítica. Sem autocrítica dificilmente encontramos um caráter saudável. Sem autocrítica, ideologias, partidos ou indivíduos não evoluem e não criam discernimento. A autocrítica é o que falta a esses petistas para recuperarem o caráter perdido. Se é que alguma vez o tiveram.

Ideologia ou partido não define caráter. Esta é uma das maiores lições da política. A outra, a ser aprendida por todos, é desenvolvermos um compromisso íntimo connosco. Esse compromisso passa, inevitavelmente, pela autocrítica. Quem tiver coragem de fazê-la terá o meu respeito por mais distante que esteja de mim ideologicamente. E os meus *camaradas* que não a fizeram dificilmente terão a minha confiança ou serão levados a sério.

## Os insultos a Dilma

(Junho de 2014)

Não vi os insultos ao vivo. Estava no metrô ainda a caminho de uma *fanzone* na cidade onde moro. Não tinha a menor vontade de ver o jogo de abertura da Copa, só queria mesmo estar na rua com os amigos estrangeiros, enchendo a cara de vinho e provocando – meti-me no meio da massa verde e amarela com uma camisa da Croácia). À noite começaram a pipocar relatos sobre os xingamentos que a presidenta Dilma recebera da torcida dentro do Itaquerão, boa parte deles em tom bem áspero contra o comportamento dos torcedores. Essa é a parte que me espanta: de repente todo mundo virou puritano e moralista. Já não se pode xingar, já não se pode apelar à catarse. Essa crítica veio de pessoas identificadas com a esquerda. A primeira que li foi do jornalista esportivo Juca Kfouri, acusando a elite branca de mal-educada e mal-agradecida. Concordo absolutamente com a segunda acusação, mas a primeira é balela. Caso eu estivesse no estádio, também recorreria a xingamentos. É claro que eu *nunca* iria estar no estádio da abertura da Copa, afinal sou branco, mas não sou da elite. Também não estaria porque meu único contributo para esse evento vergonhoso é estar nas *fanzones* bebendo vinho barato e torcendo para os adversários do Brasil. Já é um contributo excessivo: eu deveria estar foragido nalguma praia despovoada durante todo esse mês de pão e circo e jingoísmo alienante. Mas ninguém é perfeito.

Bem, voltemos aos insultos. Eu os compreendo e não os condeno de forma alguma. Só condeno os seus protagonistas. Estamos falando de uma elite que não só elege um Alckmin da vida, mas que faz de São Paulo o Estado mais reacionário do Brasil. O motivo dos insultos não me representa minimamente, nem a mim, nem aos manifestantes que estavam levando porrada da polícia militar nas ruas adjacentes ao estádio. O próprio Juca Kfouri, na entrevista ao Roda Viva da TV Cultura, mostrou-se bastante ingênuo ao dizer que as vozes das ruas haviam chegado aos estádios. Outra balela! As vozes dos estádios são as vozes de quem não vai a protesto, de quem chama manifestante de vagabundo. Essa gente pegou o embalo da indignação popular mas não sabe bem por que motivo o fez. Moda, talvez. Quiseram ostentar compromisso, mas não têm nenhum engajamento político. Foram os mesmos que encheram as manifestações do ano passado com a bandeira do Brasil, tiraram fotos para o *Facebook* e em seguida desapareceram das ruas. Insultaram Dilma apenas porque representam o velho Brasil, não admitem reformas sociais mínimas e engolem o discurso de uma mídia classista. A ingenuidade de Juca Kfouri talvez esteja ligada ao seu amor pelo futebol, que o faz ainda tentar encontrar um mínimo de dignidade na Copa do Mundo. É verdade que ele tem a coragem de criticar a organização do evento, mas não diz nada sobre o fanatismo e o exagero à volta do esporte. Ele não percebe o futebol como produto de alienação. Mas talvez esperar uma postura ainda mais crítica de alguém que está atrelado a esse meio seja pedir muito, sei lá. Ainda assim, tenho-lhe respeito e o considero íntegro e bom exemplo de sua profissão.

Continuando, alguém escreveu no *Facebook* que havia mais negros na seleção croata do que nas arquibancadas do Itaquerão. É exatamente isso! E recordemos que Itaquera é uma região popular de São Paulo. Mas não é só lá. Todas essas doze novas *arenas* estão recebendo as elites das suas cidades e as dos países que participam da Copa. Ontem a Globo falava da festa que o povo colombiano estava fazendo durante a estreia vitoriosa da sua seleção. Ora, ali não estava o *povo*, ali estavam os brancos endinheirados do país, os que podem viajar para o Brasil e comprar ingressos caros. Essa Copa é para níveis europeus, não sul-americanos. O *Padrão FIFA* é um selo de garantia da elitização do evento. O brasileiro comum vai ficar na em casa vendo tudo pela televisão. No máximo, juntar-se-á aos amigos da rua e verão os jogos no bar da esquina.

Houve também um ser iluminado que escreveu que estava sentado ao lado de meia dúzia de *negões* lá dentro do estádio, como se a utilização da exceção para confirmar a regra fosse um argumento de peso. Escorregou na maionese e nem percebeu, coitado.

Os insultos a Dilma não são condenáveis por si só desde que não sejam de caráter misógino e não se tornem ofensas generalizadas ao gênero feminino. Vamos lá, companheiros de esquerda, imaginemos o seguinte: estivéssemos todos nós no estádio e FHC ainda fosse o presidente, o que teríamos feito? Eu vomitaria as entranhas e coraria ao rubro de tanto berrar insultos. Não é sempre que temos a oportunidade de enviar recados diretos aos nossos queridos *representantes*. Quando a oportunidade aparece é bom que desabafemos mesmo. Muito mais grave do que os insultos a Dilma foi o comportamento dessa elite branca *tupiniquim* contra outros alvos. Maradona foi hostilizado e saiu furioso do estádio, os croatas foram vaiados e, mais grave, Diego Costa foi perseguido durante todo o jogo da Espanha por ter escolhido jogar pela seleção ibérica em detrimento da brasileira (e não havia nada que o garantisse na convocação de Felipão). Essas sim são demonstrações de tacanhice, de falta de maturidade, de bairrismo, alienação e intolerância. Ademais, a hipocrisia de quem vai aos estádios é de causar vergonha alheia. Dona Dilma (e Lula) fez uma Copa *Padrão FIFA* de bandeja para essa elite mimada e ela ainda reclama? Graças ao PT e seu conluio com a FIFA essa trupe jingoísta de bairros nobres tem a oportunidade de se sentir na Europa sem sair do Brasil e ela ainda fica com *mimimi*? Se tivessem feito uma Copa popular acessível ao povão, essa elite higienista teria toda a razão em reclamar. Mas não, são uns mal-agradecidos mesmo.

Mas não é só a elite dentro dos estádios. O brasileiro comum não está muito acostumado a lidar com estrangeiros e quando eles dão as caras em grande número vem à tona a falta de *fair play*. Um argentino teve o dedo quebrado quando passeava por Belo Horizonte com a bandeira do país vizinho e se viu cercado por brasileiros que a tentaram arrancar das suas mãos. Vários assaltos já foram feitos a estrangeiros nos últimos dias e entre as vítimas estão também jornalistas da imprensa internacional. Já que, afinal, está tendo Copa, que ela seja aproveitada para que as pessoas respeitem mais quem vem de fora e para que se acostumem mais com a diferença. De resto, essa é a Copa mais questionada e impopular da história. É a mais cara e a mais polêmica. O único verdadeiro legado da Copa do Mundo do Brasil são as manifestações e o surgimento de uma cultura de reivindicação que desde Junho de 2013 se materializou em dezenas de novos movimentos sociais. Tem havido demonstrações de solidariedade com protestos anti-FIFA um pouco por todo o mundo. No dia da abertura, a imprensa do mundo inteiro dava mais destaque ao duelo travado nas ruas de inúmeras cidades brasileiras entre manifestantes e polícia do que ao pontapé inicial em si. Foi uma enorme vitória do *#NãoVaiTerCopa*.

Agora é esperar que a seleção da CBF seja logo eliminada.

## Carnificina Global

(Agosto de 2014)

Vejo muita gente com pena de Dilma pela forma como ela foi entrevistada pelo idiota do Bonner. Ora, *todos* os candidatos foram entrevistados da mesma forma até agora. A agressividade do âncora da Globo é a forma que a emissora encontrou para tentar lavar as próprias mãos (*tentar*, porque não consegue), e a culpa é desses políticos covardes que se sujeitam aos caprichos de um canal de televisão autoritário que se julga uma espécie de presidente que empossa oficialmente um executivo eleitoralmente vitorioso em um sistema parlamentarista. Esse tipo de debate deveria ser feito no espaço da TV pública ou, ao menos, ser gerido por pessoas competentes, imparciais e com sobriedade para levar bem um debate construtivo e não uma carnificina. Da forma como têm sido feitas, essas entrevistas não passam de espetáculo para telespectadores-eleitores adormecidos e embrutecidos, facilmente maleáveis. É circo, e os eleitores são os palhaços.

## Eleições 2014

(Outubro de 2014)

Não me recordo de outro período eleitoral tão conturbado quanto este no Brasil. Apesar de ser positivo todo o interesse das pessoas pela política, infelizmente as abordagens têm sido sempre muito histéricas e desonestas e dificilmente se afastam de acusações falsas e ofensas gratuitas. As desavenças ideológicas e principalmente as partidárias não são motivo para destruir a amizade de pessoas minimamente maduras e equilibradas. As diferenças podem até ser bem positivas se as soubermos gerir e canalizar para o enriquecimento intelectual. Eu posso dizer que meu pensamento político evoluiu muito graças a todos os debates com pessoas com pensamento antagônico ao meu, porque é no confronto de ideias que as nossas faculdades racionais aperfeiçoam e amadurecem as abordagens e a capacidade de discernimento. Por isso, as diferenças devem ser encaradas como um estimulante das relações entre as pessoas e não o inverso. Claro que há suas exceções. Eu não pretendo ter nenhuma amizade com *neonazistas*, evidentemente – há sempre a exigência saudável de que o oponente ideológico não seja um fratricida.

E é aqui que a coisa complica. O resultado das eleições despoletou uma nova onda de ataques ao Nordeste e aos seus povos. Eu nem preciso referir o gigantesco contributo cultural, artístico e científico dos nordestinos para o Brasil e o mundo porque até os preconceituosos que estão destilando seu ódio já o devem saber – fica só uma referência na minha área de formação: Milton Santos, nordestino da Bahia, foi o único geógrafo brasileiro a ganhar o Vautrin Lud, uma espécie de *Nobel* na referida área –, o que eu quero dizer é que nasci em São Paulo e que talvez a melhor coisa que me aconteceu na vida foi migrar para o Nordeste aos cinco anos de idade. Desde então, considero-me tão nordestino quanto qualquer pessoa nascida na região, e essa estigmatização veiculada em insultos racistas moldados por uma dosagem de ignorância e intolerância me atinge pessoalmente e, diferentemente de divergências políticas, já tem potencial para colocar em risco certas amizades.

Então vamos todos respirar fundo, acalmar os ânimos e pensar bem na hora de fazer comentários. E vamos tentar focar o nosso esforço nas argumentações às ideias e não no *ad hominem*. Claro que nem sempre é fácil e há casos em que é mesmo impossível, mas não faz mal a ninguém tentar sempre deixar a racionalidade fluir. Às vezes dá preguiça, é certo, mas quem entra no debate político deve estar ciente de que ou o fazemos com argumentos estruturados e com uma boa bagagem, ou estaremos apenas caindo de paraquedas em terreno minado totalmente desconhecido.

## Candidatos caricatos e carnavalescos

(Outubro de 2014)

Sim, podem ser ridículos, mas esses candidatos caricatos não são o verdadeiro problema. O problema são os candidatos sérios e intencionados como os pastores evangélicos e as *viúvas* da ditadura, esses são os que representam o real perigo. Mas mais do que eles, o maior problema do Brasil são os...eleitores! Essa massa disforme tão facilmente maleável que assume as regras do jogo (leia-se *democracia representativa*) sem ter capacidade de concertar em sua arena.

Quando me perguntam por que eu não voto, a resposta é simples: não compactuo com as regras do jogo. Mas, caso compactuasse, certamente não votaria num candidato apenas por não gostar de outro (refiro-me à disputa entre Dilma e Aécio mesmo) e não suprimiria toda a minha capacidade crítica em nome da defesa de um programa nitidamente fajuto. Estou muito longe de ser a pessoa mais madura do mundo, mas fico chocado com a ingenuidade do cidadão médio em matéria de política. Aliás, ingenuidade e cumplicidade com toda a sujeira que alegam combater. Os políticos não vêm de lugar nenhum senão do seio murcho e dos vícios tacanhos do povo, e são o seu reflexo.

## Bairrismo ideológico: o caso *Charlie Hebdo*

(Janeiro de 2015)

E no rescaldo dos últimos dias descubro que é muito maior do que eu pensava a quantidade de pessoas que são a favor da liberdade de expressão, *desde que não se diga o que elas não querem ouvir*. Assim é fácil, cara pálida! Até os maiores ditadores do mundo eram a favor da liberdade de expressão com esse porém. Cinco observações:

1) Atacar (ou ofender) ideologias e entidades não equivale a atacar pessoas diretamente por causa da sua etnia, orientação sexual, gênero ou mesmo crença. Imagine se não pudéssemos atacar religiões e ideologias políticas, com nos poderíamos expressar livremente? Racismo é crime; blasfêmia, não. Ao menos nos países abertos e laicos. E o jornal *Charlie Hebdo* tem sede na França, país que aliás fundou o primeiro Estado laico do mundo.

2) *Ah, mas não se deve ofender a religião dos outros –* interessante! Quem determina o limite da ofensa? É que para alguns basta dizer que Deus não existe para já se configurar uma ofensa terrível. Experimentem fazer isto no meio de fanáticos, sejam de que religião forem.

3) É verdade que os EUA têm uma política externa imperialista e que ao longo dos anos só faz merda (leia-se campanhas terroristas) no Oriente Médio para saquear recursos naturais, que as minorias são discriminadas na Europa e que a extrema-direita adora tirar proveito dessa situação toda. Mas vamos parar de misturar tudo. Houve um atentado de fanáticos intolerantes contra o direito à livre expressão. Não existe um *mas*. Ou se condena o ato veemente, ou se é conivente. Os outros temas podem vir à *posteriori* num debate mais aprofundado, sério e sem desequilíbrio emocional.

4) Já repararam na dinâmica dos conteúdos supostamente informativos no *Facebook*? Primeiro surge a notícia, depois as reações uniformes, depois as reações *contracorrente* dos que querem ser *do contra* a todo custo, e depois, claro, aparecem as teorias da conspiração. Entramos nesta última fase agora, porque as pessoas realmente acreditam em qualquer absurdo que elas querem que seja verdade.

5) O *Charlie Hebdo* é muito mais de esquerda do que esse bando de gente que, sem conhecer a sua história, o acusa de ser de direita e pega o embalo para atacar a liberdade de expressão em nome de uma agenda política

contaminada pela total falta de discernimento ou pelo mais fanático *bairrismo* ideológico.

## Consciência estudantil

(Março de 2015)

Há anos convivo no meio *Erasmus* e uma das constatações mais óbvias é que os estudantes brasileiros são, de longe, os mais politizados entre todas as nacionalidades (os portugueses são, também de longe, os menos politizados – talvez isso seja uma das causas da miséria intelectual e ativista nas universidades portuguesas). Uma boa parte dos estudantes brasileiros na Europa tem uma consciência política bastante aguda e muitos fazem parte de movimentos sociais e estudantis. Também é verdade que a maioria é proveniente de classes sociais mais altas, com boas possibilidades de vir à Europa mesmo sem programas governamentais e tem sobrenomes italianos, alemães, etc. Os histéricos que amanhã sairão à rua no Brasil os chamariam de *esquerda caviar*, claro (para eles, um socialista só pode ser ou *caviar* ou, por outro lado, *populista*). Dito isto, é de se notar o quase total repúdio dos estudantes brasileiros em relação à infeliz manifestação pelo *Impeachment* de Dilma (e isto não significa que sejam petistas). Ou eu tenho encontrado sempre as pessoas certas, ou realmente os estudantes brasileiros na Europa com mentalidade conservadora e reacionária são uma minoria muito minúscula, irrisória mesmo. No meio *Erasmus*, é quase unicamente com estudantes brasileiros que eu tenho discussões sobre política e questões sociais e há sempre um certo engajamento em desenvolver esses temas. As meninas brasileiras estão quase sempre bem conscientes do feminismo e são as que mais reclamam do *machismo nosso de cada dia*, sobretudo por parte dos homens portugueses acostumados à *fama* concedida às mulheres brasileiras.

Durante todos os anos como estudante universitário, é sempre de brasileiros que ouço reclamações sobre a inércia e a falta de dinamismo no ambiente acadêmico português. Sempre me dizem que aqui ninguém debate, ninguém confronta ideias, que os professores não estimulam as discussões nas aulas e se limitam a extensos monólogos, que os estudantes portugueses não mostram nenhum interesse por essas questões e suas poucas atividades acadêmicas se resumem à *praxe* (semelhante ao *trote*). Já não é de agora que me parece haver uma profunda crise no mundo acadêmico português, algo que só se reforça quando me deparo com o nível de consciência de boa parte dos estudantes brasileiros. Aliás, como dizia um desses estudantes, amigo meu, parece que os estudantes não apenas portugueses, mas europeus, estão tão acomodados com o *Welfare State* que os protege que não sentem necessidade alguma de engajamento na causa que for. Isto é triste, sobretudo num país em crise profunda. Mas, além disso, também é triste porque enferruja quase que irreversivelmente o método de raciocínio. O resultado é um corpo estudantil politicamente apático e culturalmente miserável.

## Verde e amarelo

(Março de 2015)

Quando há pessoas desfilando em verde e amarelo ou é dia de jogo do Brasil em Copa do Mundo, ou é marcha dos duvidosos *paladinos da moralidade*. Quero distância de ambos. Mas hoje, especialmente, verde e amarelo são cores desprezíveis e nojentas. O que há de pior no Brasil está desfilando como se fosse gente decente. Liderados por alguns grupos que vão de saudosistas do regime militar a *hipsters* minarquistas, uma massa de gente despolitizada, que não consegue discernir sobre política e se limita a repetir os chavões que os *opinion makers* da esquerdofobia difundem, vai à rua pedir *Impeachment* num ato de desespero e vácuo intelectual. É uma manifestação de ódio puro ao PT e uma amostra da dor de cotovelo. E sobre o verde e amarelo, faço minhas as palavras de Oscar Wilde: patriotismo é a virtude dos depravados.

## Física Quântica

(Dezembro de 2015)

Eu não entendo nada de Física Quântica e por isso evito escrever ou partilhar o que seja sobre ela, porque sei que não tenho conhecimento e provavelmente cairia no ridículo.

Pois bem, 99% dessa gente que está comemorando o possível Impeachment (QUE É UMA MANOBRA DE CHANTAGEM DE UM CRIMINOSO ACUSADO PELO MINISTÉRIO PÚBLICO) entende tanto de política quanto eu de Física Quântica.

Estão dispostos a apoiar qualquer coisa contra o PT, simplesmente porque sim, porque aprenderam a odiá-lo, porque consomem os *mass media*, leem Veja e afins. Não importa que Dilma (ah, e eu detesto seu governo de verdade!) não tenha qualquer acusação contra sua pessoa. O que interessa é tirá-la do poder a todo custo porque essa gente diz ser parte dos *cidadãos de bem* e ela é a tal ex-terrorista-comunista-bolivariana-de-Satanás.

Apoiado por um bando de analfabetos políticos como vocês, esses tais 99%, Eduardo Cunha, o tal criminoso chantagista que representa um verdadeiro fenômeno maligno na política brasileira, está prestes a concretizar seu mais maquiavélico plano contra a normalização democrática do país, algo conquistado com muita luta e que vocês parecem dispostos a perder em nome do ódio cego anti-PT.

Muitos de vocês são meus amigos e tal, mas vocês são muito burros!

Querem debater política? Estudem política! Ou não passarão de seres medíocres facilmente manipuláveis por quem constrói a opinião pública num país politicamente podre como o Brasil.

De repente todos passaram a se interessar por política. O que era um tema enfadonho passou a ser apaixonante. Aos nervos juntou-se a arrogância de quem acha que não precisa ter uma base de compreensão histórica para participar de debates. A cacofonia odiosa e geralmente desdenhosa é propagada por quem assume uma autoridade alicerçada num bizarro orgulho da própria ignorância.

De repente o cidadão comum passou a falar de política. Não é por coincidência que o nível do debate tenha despencado para rastejar no esgoto.

## Morte lenta

(Janeiro de 2016)

Um dos momentos em que mais sinto aflição é quando comparo a minha infância e a dos meus amigos com a vida adulta. A nostalgia está sempre presente, e eu sei que ela exerce determinante influência no meu estado de espírito. Mas há uma diferença prática sufocante, que lateja diariamente e é implacável em pessoas desencaixadas como eu. Sim, éramos obrigados a estudar, mas não era difícil transformar em diversão o ambiente escolar. As amizades eram pulsantes e os estudos nunca foram uma prioridade incontornável. As preocupações de uma criança são poeticamente ridículas. Contudo, desde que me percebi como adulto, a coloração da vida se desbotou. A maioria dos adolescentes tem uma passagem gradual para a vida adulta. No meu caso, essa passagem ocorreu no dia em que fui obrigado a abandonar Aracaju com destino a Portugal. Foi naquele 8 de Março de 2001 que deixei de ser criança. Eu tinha dezoito anos, mas ainda vivia num mundo fantástico recheado de vigor juvenil do qual só o presente me preocupava, nunca o futuro.

Durante a infância sofremos certas chantagens por parte da família, dependendo das suas características, claro – a

99

minha sempre foi muito permissiva e aberta, e nunca houve um ambiente autoritário –, mas quando nos tornamos adultos a chantagem vem da sociedade que já tem tudo estabelecido à espera de nos encaixar numa função qualquer. E a chantagem é clara: *"venda-me o seu tempo e aceite se submeter a condições diárias de desprazer exercendo alguma função sem sentido para a sua vida. Em troca, você poderá pagar as contas acumuladas nas necessidades básicas – moradia e alimentação – e nas necessidades superficiais – consumismo e materialismo obsessivo"*.

Tudo funciona como linhas de produção: enfiam-nos numa escola, tiram-nos dela sem acabamento, colocam-nos numa faculdade para que sejamos moldados e depois encaixam-nos num emprego. Mas isto acontece com os jovens *sortudos* de ambientes sociais mais apossados. O destino da grande maioria dos meus amigos de infância foi bem diferente. Sabotados economicamente, não acabaram o miserável ensino básico. Dos poucos que, porventura, até o concluíram, um número ainda mais reduzido ingressou na academia. Esses foram as exceções e nem por isso escaparam à chantagem da *morte lenta*. A regra é caracterizada pelos que saíram do ensino fundamental inacabado direto para as funções mais desprestigiadas – e por isso mais duras – da engrenagem. Pedreiros, borracheiros, *office-boys*, caixas de supermercado e uma série de funções preparadas para quem não passa pelas etapas estabelecidas. São pessoas que nascem num ambiente de carência e dele nunca sairão. Não desenvolverão, por exemplo, intelecto ou sensibilidade artística. Estarão condenados ao trabalho desprestigiado que lhes garantirá apenas as condições mínimas de sobrevivência dentro do referido ambiente. Morrerão sem nunca se terem indagado sobre o sentido das suas vidas. São verdadeiros heróis de um martírio inconsequente. Mas, ainda assim, são mártires.

Aqui, dentro da fortaleza europeia, excetuando as bolhas mais graves de pobreza e exclusão, os jovens passam pelas etapas estabelecidas por esse processo fabril de produzir trabalhadores. Entrar na universidade e sair dela com um diploma nunca foi tão fácil. Ganhamos bolsas até para estudar noutro país. Encontramos um emprego detestável na nossa área de formação e seguimos a vida da forma como a prepararam para nós. Sacrificamos sonhos e amizades em nome da aceitação, da inclusão, sabe-se lá em quê. Os fins de semana servem para nos embebedarmos com os amigos que têm a mesma rotina, para podermos descomprimir, desabafar sobre a vida descolorida, como uma espécie de vingança. Ou uma catarse. Isso se não estivermos exaustos, preferindo descansar até que a maldita Segunda-Feira regresse. Uma vez ao ano tiramos uns dias de férias. Se houver algum dinheirinho guardado fazemos uma viagem. Mas sempre pensando se não seria melhor tirar as férias para repousar.

E assim não só não temos tempo para os nossos projetos pessoais, como também não temos vontade. Estamos cansados, exaustos, preocupados, desmotivados, sem inspiração. Adiamos a vida inteira o que deveria ser sempre as nossas prioridades. Aprendemos a ser dependentes de medicamentos para combater doenças mentais. Passamos a aceitar que depressão, tristeza, solidão, desgosto e cansaço são coisas normais com as quais temos mesmo de viver. Sair dessa engrenagem nos torna vagabundos, preguiçosos e fracassados aos olhos da sociedade. Viver para trabalhar, consumir e morrer lentamente numa existência desbotada é um decreto social configurado como a única forma de existir que nos fazem engolir e seguir com um sacrifício religioso. Não importa que não sejamos felizes. O que importa é o reconhecimento (verbal) de sermos esforçados. Trabalhar muito, ganhar pouco e estar sempre disposto ao esforço confere reconhecimento, embora não passemos de otários conformistas e frustrados. E sabemos disso.

# Direito à preguiça

(Março de 2016)

Os ateus que querem acabar com os feriados religiosos são muito ingênuos. Os feriados são a única coisa boa das religiões. Eu também sou ateu e sempre digo que devemos preservar os já existentes e exigir que sejam criados novos. Quanto mais, melhor.

Se o problema é a incompatibilidade com o princípio de laicidade, que então sejam criados feriados para santos e deuses de todas as religiões, incluindo um dedicado a Satanás, e um ao ateísmo (que até poderia ser chamado de *Dia de Aleister Crowley*, *Dia de Nietzsche* ou até *Dia da Evolução*, para dar um tempero científico à provocação).

Não entendo esse pessoal que confunde ateísmo com martírio laboral. Salvaguardemos, pois, o direito ao descanso, ao *ócio criativo* que nos permita desenvolver inclusive ideias ateístas, ou simplesmente o direito à preguiça. Eu o reivindico. Perante esta sociedade que idealiza até religiosamente o sacrifício pessoal em nome da produtividade, a preguiça é até uma forma de resistência secular.

## Bolsomito

(Março de 2016)

O melhor argumento contra Bolsonaro é deixar falar quem o apoia.

Haverá sempre um líder personalista para aglutinar em sua imagem caricata os anseios esdrúxulos de hordas de incapacitados em busca delirante pelas respostas mais simplistas. O fenômeno Bolsonaro é sintomático numa sociedade embrutecida, sem familiaridade com métodos de pensamento fincados na sobriedade e na razoabilidade. É uma reivindicação do irracionalismo à brasileira, composto pela negação da política e da história.

Umberto Eco disse que a Internet havia dado voz aos imbecis. Ei-los, *justiceiros* de Hamurabi, carcaças envenenadas pelo embrutecimento e pela celebração da ignorância. Nosso papel não deverá ser silenciá-los, mas desenvolver um ambiente em que as pessoas, dotadas de racionalismo, os releguem ao esquecimento, escoados no esgoto do ódio para não contaminar a esfera pública de concertação.

# A importância da autocrítica

(Março de 2016)

*"Assim como o homem carrega o peso do próprio corpo sem o sentir, mas sente o de qualquer outro corpo que quer mover, também não nota os próprios defeitos e vícios, mas só os dos outros. Entretanto, cada um tem no seu próximo um espelho, no qual vê claramente os próprios vícios, defeitos, maus hábitos e repugnâncias de todo o tipo. Porém, na maioria da vezes, faz como o cão, que ladra diante do espelho por não saber que se vê a si mesmo, crendo ver outro cão.*

*Quem critica os outros trabalha em prol da sua própria melhoria. Portanto, quem tem a inclinação e o hábito de submeter secretamente a conduta dos outros, e em geral também as suas ações e omissões, a uma atenta e severa crítica, trabalha na verdade em prol da própria melhoria e do próprio aperfeiçoamento, pois possui o suficiente de justiça, ou de orgulho e vaidade, para evitar o que amiúde censura com tanto rigor."*

O pensamento é de Arthur Schopenhauer em seu *Aforismos para a Sabedoria de Vida* de 1851, mas perfeitamente se aplica à cacofonia que toma conta do

Brasil atualmente. É necessário que cada um saiba o momento de parar de se alimentar com manchetes explosivas dos jornais e *blogs* de predileção, regresse à própria insignificância e, humildemente, respire fundo, dispa-se de medos e tome um refrescante banho de autocrítica.

Quem estará disposto?

Poucos. Pouquíssimos.

Especialmente quando há uma gula voraz consumindo e difundindo informação e desinformação num ritmo galopante. Cada manchete se sobrepõe à anterior antes que se consiga digeri-la, provocando essa indigestão cerebral que hipnotiza e embriaga com a perigosa sensação de inequívoca certeza absoluta. Quem se submete à autocrítica pode até ser acusado de sucumbir à fraqueza, mas ela configura um elevado gesto de sabedoria. Um gesto doloroso e ingrato porque nos obriga a desinflar o ego, mas imprescindível por nos direcionar ao caminho da lucidez.

Esta é uma divagação filosófica que se adéqua à crise política brasileira. Ambos os lados apresentam seus inequívocos argumentos a favor ou contra o juiz Sérgio

Moro e o *Impeachment*. Fazem-no à exaustão – enquanto desdenham, desvalorizam e ridicularizam o que se apresenta como contraditório – no frenético ritmo que impossibilita não apenas que digiram o consumido ou que tenham noção do ridículo. Estarão também impossibilitados de perceber que quanto mais se assumem como baluarte da mais nobre jurisprudência e apelam a subterfúgios de toda a ordem, mais evidente é que tudo não passa de luta de poder e pelo poder.

E assim, imersos em cacofonia e indigestão, alienam-se do momento de parar e interiorizar a autocrítica. Estarão alimentando o ego e descartando a sabedoria. Observá-los é mais que uma experiência psicossociológica. É prevenir-se mediante uma demonstração prática de como não agir, porque olho para essa disputa e penso: *não me quero sujeitar a essa miséria*.

No final, caberá aos vencedores aprisionar a razão à própria vitória como se só a ela se devesse o desfecho.

## Considerações sobre o 13 de Março

(Março de 2016)

1 - Acho muito difícil o governo Dilma chegar ao fim do mandato. *Improvável*, até. A elite brasileira está empenhada.

2 - As manifestações foram, evidentemente, elitistas. A periferia passou o Domingo na periferia. Segundo o Datafolha, apenas 6% dos participantes ganham até 2 salários mínimos, enquanto 50% ganham de 5 a 20 e 11% ganham de 20 a 50. Outras características marcantes são a formação acadêmica (77%, muito superior à média) e a idade, com 73% tendo mais de 36 anos e 40% tendo mais de 51. Ou seja, falamos de uma elite branca de classe média alta, envelhecida, já distante – em tempo e espaço – da academia.

3 - O ponto 2 é válido apesar do tamanho das manifestações. Uma mobilização com caráter elitista não necessariamente conta em exclusividade apenas com ricos. As elites têm conseguido canalizar o conservadorismo difuso de uma parte significativa da população brasileira.

4 - Corrupção é a menor das preocupações de quem foi às ruas. Caso estivessem realmente revoltados com ela, não marchariam com camisetas da CBF nem fariam fotos com a PM; são duas das instituições mais corruptas do Brasil e a segunda é a mais assassina. Não creio ser necessário alongar-me neste ponto.

5 - Isto é um claro conflito de classes. E, sim, pobres podem ser muito bem instruídos a uma luta em favor das elites. A indústria da propaganda política, inventada nos EUA provavelmente por Walter Lippmann e utilizada grotescamente pelos totalitarismos do século XX (quando a repressão tem respaldo legal a necessidade da propaganda não é imperativa), exerce influência preponderante na sociedade. É inegável o empenho da comunicação social em ostracizar o PT. O canal de TV hegemônico, as maiores rádios e os maiores veículos de imprensa escrita pertencem a setores descaradamente anti-PT e, pior, higienistas e darwinistas sociais. O que a grande mídia tem feito ao Brasil é imperdoável, e não existe democracia sem a democratização dos meios de comunicação, sem a sua libertação das garras de quem os instrumentaliza.

6 - A falta de consciência política e a inexperiência das elites, não acostumadas à rua, transformam essas

manifestações em micaretas facilmente apresentadas como *sketch* de humor. É muita aberração agrupada. E o capricho de um juiz é suficiente para que o transformem em herói nacional, numa busca desesperada por inventar novos ícones que de alguma forma deem sentido a essas jornadas desprovidas de substância.

7 - A crítica surtiu efeito e finalmente essas pessoas passaram a aludir – bem timidamente e sem entusiasmo, claro – à corrupção da oposição. Aqui e acolá, surgem palavras contra Aécio, por exemplo. O problema é que, a esta altura, a elite deslizou da direita para a ultradireita, agarrou causas extremamente conservadoras e passou a se sentir representada por elementos perigosos e antidemocráticos, como o deputado Jair Bolsonaro, provavelmente o grande vencedor do Domingo.

8 - Para quem vive fora do Brasil, como eu, é interessante notar que o caráter de quem foi às ruas contrasta fortemente com a juventude acadêmica brasileira em intercâmbio na Europa. Dos mais politizados aos menos, ninguém aderiu – as exceções que confirmam a regra são, aliás, assinalavelmente residuais.

9 - Apesar do elitismo, é evidente a crise. Lula, Dilma e o PT têm muita culpa. Foram (e são) coniventes com as

elites e traíram a esquerda. Não sei qual o futuro do partido, mas, com a eventual saída do governo, espero que não tenha boa recepção na volta ao espectro da esquerda oposicionista. O PT não merece confiança alguma e já demonstrou por diversas vezes que não quer fazer autocrítica.

10 - São dias horríveis para ser brasileiro. Sinceramente, perdi um pouco a noção e não sei se me sinto envergonhado ou se é apenas aquela sensação de vergonha alheia devido a tanto comportamento bizarro e patético. Mas no Sábado estive num belo concerto de uma dupla *tupiniquim* chamada Bossa Libre e enquanto as duas meninas interpretavam lindamente um rico repertório que incluía samba, forró, bossa nova e MPB eu interiorizava a minha relação agridoce com o meu país de origem. Resultado: em vez da curiosidade mórbida, passei o Domingo ouvindo Chico, Caetano, Elis, Alceu, Novos Baianos...

## *Macartismo* à brasileira

(Março de 2016)

Dentre toda a histeria que tomou conta das redes sociais e das ruas brasileiras nos últimos dias, com o debate político atingindo um nível rasteiro e se transformando em ruído sem inteligibilidade, e com o ódio pautando os comportamentos e chegando às vias de fato, uma pessoa ainda conseguiu se destacar pela *proeza* de superar toda a irracionalidade vomitada como razão sublime.

E tal feito não poderia vir de um amador na arte da estupidez, claro. Era preciso um profissional do gabarito de...Rodrigo Constantino.

Só podia mesmo ter sido ele. Falar sobre esse sujeito é perda de tempo, mas seu comportamento precisa ser denunciado e condenado. O ex-*jornalista* (com ressalvas para não ofender aos dignos da profissão) nunca passou de uma figura caricata e intelectualmente patética, mas desde que foi descartado pela Veja (outra grande *proeza*) seu tom raivoso e histérico só vem aumentando – talvez devido à dor de cotovelo pela perda do *status* de *pop star* que seu enorme ego sempre vislumbra – e ele começa a demonstrar com cada vez mais evidência seu profundo caráter intolerante e tirânico.

Através de uma publicação no *Facebook*, cheguei ao seu *blog* – que não passa de um antro de ódio doentio e fanático a tudo o que se aproxime minimamente da esquerda – para ver que sua aspiração a McCarthy brasileiro assumia-se bestialmente palpável. O sujeito – desequilibrado desde os tempos em que ainda despontava no anonimato alimentando ferozmente o seu ego nos grupos do saudoso *Orkut* – já havia iniciado sua perseguição a artistas e personalidades identificadas na esquerda e no socialismo. Seu ódio a Chico Buarque é particularmente intenso e revela toda a inveja que emana da incapacidade de atingir o mesmo nível refinado de intelectualidade artística. Várias outras pessoas, mais ou menos engajadas politicamente, foram perseguidas pelo sujeito que nunca foi capaz de fazer autocrítica e nunca percebeu o quanto se afundava e ao mesmo tempo promovia os alvos do seu recalque. O ataque que disferiu à atriz Letícia Spiller, sugerindo que ela, por ser de esquerda, fosse culpada pelo assalto que sofrera em sua casa, também foi sintomático da sua demência moral. Surreal!

Mas agora Constantino se supera. Numa tentativa tosca de heroizar-se, ele criou uma lista com mais de 700 nomes de figuras públicas que devem ser boicotadas e ostracizadas *"sem piedade"*, por terem algum tipo de filiação ao PT e, claro, à esquerda em geral. Rapidamente acusado de *macartismo*, Constantino reagiu assumindo a *responsabilidade*, mostrando-se orgulhoso por ser o McCarthy brasileiro.

Quando o ódio ideológico cega, a mente embrutece sob a embriaguez totalitária. O direito à imbecilidade e à boçalidade é inequívoco e isto nada tem a ver com legalidade. O apelo a ela como argumento não passa de cinismo ou talvez de ingenuidade ao não se ter noção do caráter antidemocrático de uma lista que carrega uma clara mensagem: *unamos esforços para afastar os nossos inimigos da vida pública. Não queremos debater com eles, queremos que eles desapareçam.* Ou seja, Constantino pretende ostracizar essas pessoas para que elas deixem de exercer suas funções (sejam quais forem) no espaço público devido à filiação partidária e ideológica que assumem – ou que ele assume por elas.

O boicote é uma tática legítima que faz sentido quando aplicada a certas situações que a justifiquem. Este não é o caso. Por exemplo: eu boicoto a revista Veja por

114

considerar que ela atenta ao código de ética jornalística, à honestidade e à verdade. Por outro lado, também boicoto quem faz isso à esquerda. Passei a boicotar parte da Mídia Ninja, por exemplo, por perceber a grotesca propaganda governista que ela estava veiculando. Em ambos os casos, boicoto-os por sabotarem o jornalismo. No caso da lista *macartista*, o autor agrupou pessoas que eventualmente têm algum tipo de proximidade a um partido e a uma ideia, sem importar a forma como atuam ou sequer *se* atuam. Qualquer genuíno libertário – e não um fabricado pela *escola austríaca* – veria em tal atitude um esboço totalitário. Constantino é um dos principais articuladores da histeria que rebaixou o nível do debate político brasileiro a um *rasteirismo* que tem impossibilitado o confronto construtivo de ideias. Seu fanatismo tem ajudado a propagar o ódio que precipita o punho que soca o *inimigo* na rua.

Pessoas como ele devem sair de cena para que as ideias possam voltar a ser debatidas de forma estruturada e lúcida. Mas essa saída de cena deve acontecer pela obsolescência da sua figura, o que exigirá maturidade intelectual e política de quem participe no debate. Pessoas infantis, com impulsos de fanatismo e carências de discernimento continuarão vendo nos Constantinos da vida uma sedutora fonte de embriaguez.

Por fim, aproveitemos a lista. Ela, afinal, agrega grande valor artístico e intelectual. E é por causa desse elevado valor que Constantino nunca poderia fazer parte dela.

## A justiça não é cega, é seletiva

(Março de 2016)

Minha simpatia por Lula acabou há mais de uma década, bem antes desse ruído todo. Hoje, penso que Lula, Dilma e o PT se perderam no vício do poder, descolaram da esquerda e foram para aquele centrismo cuja grande ideologia é o próprio poder. Misturaram-se com os setores mais sujos da política e dos negócios e perderam a credibilidade. Ainda assim, não dá para negar os enormes avanços sociais ocorridos no Brasil devido ao chamado *lulismo,* embora eu não goste de termos *personificantes.* Lula foi um dos maiores presidentes da história nesse sentido. A própria direita, dos *reaças,* se calava face à impossibilidade de criticar o sucesso e ficou durante anos à espera de poder, finalmente, soltar o ódio engasgado. É o que faz nos últimos anos, com o advento das crises, da forma mais raivosa possível.

O ódio das elites e do típico brasileiro branco de classe média ao ex-presidente Lula é algo sem precedentes na história da política brasileira e isto prova uma coisa: Lula (também) estava incomodando as pessoas certas; os higienistas sociais. Porque as reformas que ampararam milhões de miseráveis nunca agradaram a esses setores privilegiados, e o ressentimento tornou-se uma tendência crescente. É claro que o que está acontecendo hoje tem muito mais a ver com vingança e rancor do que com justiça. Esse pessoal que comemora a operação à casa do Lula é o mesmo que não diz *nada* sobre a mansão ilegal da Globo em reserva ambiental, não diz *nada* sobre um helicóptero com 500Kg de cocaína ou um certo *aeroporto familiar* e nem manifestou qualquer entusiasmo quando Eduardo Cunha – esse sim um criminoso comprovado – foi tornado réu durante esta semana. Para eles, o que importa é ostracizar, estigmatizar e destruir o PT. Somente o PT. Porque o PT inventou a corrupção no Brasil – antes reinava a honestidade, como bem sabemos – e Lula é a personificação do diabo bíblico.

São os justiceiros seletivos, que se consideram baluarte da decência, quando não passam de corruptos à sua escala. São os culpados pela atual situação rasteira do debate político brasileiro, além de serem fundamental massa de manobra. Pouco me importa Lula. Não tenho pena dele. Há uns tempos, muitos dos manifestantes das jornadas de Junho de 2013 tiveram suas casas *visitadas* pela polícia aos mesmos moldes e os petistas não se revoltaram. Os dois lados são seletivos. E esta não é uma briga por justiça, é uma briga por poder.

Para nós, cidadãos, deveria também ser uma briga por discernimento e honestidade. Mas não é. Todo mundo acha que está do lado que tem razão, enquanto age exatamente como o outro lado.

## Impeachment?

(Abril de 2016)

Não sei se as atuais gerações serão perdoadas pelas suas sucessoras. Desconfio não serem merecedoras de tal perdão. Mas, aconteça o que acontecer, o ano de 2016 nunca deverá ser olvidado. Sobretudo quando a direita historicamente ancorada no *fetiche* estéril da *Lei* e da *Ordem* voltar a vestir o seu manto legalista. Ou quando parte da esquerda regressar da lombra governista e novamente entender a gestão pública como um meio e não um fim conchavado numa orgia igualmente estéril de estímulos e seduções inconciliáveis.

## Elitismo de *Kinta Kategoria*

(Abril de 2016)

Numa edição do programa *Fla-Flu* da Folha de São Paulo, em 2016, antagonizando-se à então presidenta da União Nacional dos Estudantes, o *ativista* dos interesses das elites brasileiras, Kim Kataguiri, afirmou que as escolas públicas são centros de recrutamento de traficantes. O deputado Jean Wyllys já o havia classificado de *analfabeto político mirim*. Kim parece fazer questão de passar a vida dando-lhe razão. Decidi pegar nesse seu arroubo de boçalidade para falar um pouco da estigmatização que as elites impõem aos jovens pobres do Brasil.

Estudei em sete escolas antes da universidade. As duas primeiras eram privadas, mas a partir dos nove anos só frequentei estabelecimentos públicos. Cinco, ao todo. Alguns decadentes e carcomidos, em ambientes de forte exclusão social. Eu era o branquelo ruivo no meio de uma maioria de negros favelados. Costumo contar sempre aos meus amigos europeus a história marcante do meu primeiro ano no colégio de primeiro grau Tancredo Neves em Aracaju. Inicialmente, tudo me dava medo. Do caminho até ele ao seu aspecto e condição. Sentia-me

121

presa fácil, mas logo na primeira semana eu já me havia tornado mascote da galera. Todos me adoravam. Sempre fui muito mais respeitado no ambiente escolar do que nos entornos de onde residia.

Conheci muita gente com sorte distinta. Uns poucos não tiverem forças suficientes e entraram na vida do crime não devido à escola, mas à realidade degradante em que cresceram. Alguns mataram; outros morreram. A grande maioria seguiu sua humilde vida tendo o acesso à educação sabotado pela sociedade. Vários, com seus 13, 14 ou 15 anos, já eram obrigados a conciliar os estudos com trabalhos tão miseráveis que espero não mais existirem. Mais cedo ou mais tarde acabariam de vez preenchendo os postos laborais menos reconhecidos e prestigiados. São os genuínos heróis de um martírio inconsequente.

Intelectualmente, aprendi muito pouco nas escolas públicas. Sucateadas e desprezadas, sempre possuíram um nível rasteiro. Mas inversamente proporcional ao conhecimento adquirido foi a quantidade de amizades feitas. Algumas duram até hoje, mesmo tendo-me estabelecido na Europa. Conheci algumas das pessoas mais amigáveis, inteligentes e humildes na escola pública. Pessoas que, em função das circunstâncias, aprenderam a viver uma vida cheia de remendos e improvisos, o que lhes rendeu uma refinada capacidade extra-escolar inacessível a *playboys* de *Kinta Kategoria*.

Senti-me insultado por esse sujeito pedante, mas ao mesmo tempo senti-me sortudo pela experiência de ter estudado em locais que me deram acesso direto e irrestrito à realidade de uma enorme parcela de crianças e adolescentes brasileiros, enquanto ele não faz mais do que repetir trechos de livros que nunca leu. Muito mais do que genuína preocupação com a formação dos jovens, o que ele quer é alimentar o ego da sua visão de gestão privada dos direitos humanos mais básicos.

A escola pública não fabrica traficantes. Ela fabrica mão-de-obra acrítica para ser explorada pelo capitalismo selvagem que esse sujeito defende com seus arroubos arrogantes. Ele reflete com perfeição o preconceito das elites contra um povo que é obrigado a se virar em ambientes sociais marcadamente degradantes de corpo e de espírito. Ambientes que fabricam criminosos a partir da humilhação e do desespero. Fui amigo de pessoas que viriam a cometer homicídios e que viriam a morrer na mão de outros criminosos ou da polícia. A escola pública aglutina vários tipos de mentalidade e de realidade em seu espaço, porque a maioria dos cidadãos pobres vive uma vida de martírio social e não de criminalidade ativa. Nada justifica a ação criminosa, especialmente as mais graves que atentam contra a integridade de outrem. No entanto, figuras como Kim Kataguiri não têm qualquer moral ou conhecimento empírico para julgar os jovens brasileiros afundados na exclusão e aliciados pelo crime, uma vez que representam tudo o que tende a agravar essas situações de vulnerabilidade psicológica de pessoas que sentem desde muito cedo as amarguras de um mundo cruel. O ambiente escolar nesses contextos é fundamental para salvar vidas. Não apenas a das potenciais vítimas da criminalidade, mas também a dos próprios potenciais criminosos, que podem ser resgatados pela educação antes de se perderem definitivamente. Ofender a escola pública é ofender a juventude brasileira e sobretudo é atentar contra o que existe de possibilidade – embora rudimentar – de afastar os jovens de comportamentos violentos e criminosos. A educação é um direito humano (para Kim é um negócio), como a segurança. Ela pode ser um elemento positivo de formação social dos indivíduos e é assim que precisa ser tratada, para que potencialize a sua capacidade de combater pela raiz a criminalidade.

**Pleonasmo**

(Abril de 2016)

No dia 17 de Abril de 2016, durante a votação do *Impeachment*, os mais de quinhentos deputados foram apresentados, um a um, aos seus eleitores.

Estes, por sua vez, ficaram chocados.

Espero que consigo próprios.

## Impeachment Futebol Clube

(Abril de 2016)

Quem nunca havia lamentado o fato de a política não ser acompanhada pelo povo com a mesma paixão reservada ao futebol? Quem nunca havia feito tal sugestão em tom de lamento? "Se as pessoas se importassem com a política da mesma forma com que se importam com o futebol...", rezávamos nós a cada manifestação coletiva exagerada de emoção futebolística, sem imaginar as consequências que um repentino e superficial interesse pela política pudesse implicar. Mas ele finalmente aconteceu no Brasil, especialmente a partir dos grandes protestos de 2013, e hoje nos obriga a admitir um grave erro: não podemos exigir que pessoas sem conhecimento da política se aventurem nela imediatamente com posições tão vigorosas. Quando isso acontece, a indignação popular face aos diversos descasos da classe dirigente será sempre difusa e inconsciente. Dizer que o povo sabe o que quer e que é soberano nas suas vontades não passa de discurso demagogo de políticos – de direita e de esquerda – covardes e oportunistas. As pessoas são sistematicamente embrutecidas pelos produtos da cultura dominante e não têm experiências de uma atividade filosófica necessária para a compreensão da complexidade política. Suas vontades são condicionadas pelos grandes meios de comunicação que têm amplo poder sobre elas não apenas mediante o uso da propaganda dos valores do *establishment*, mas também da omissão da possibilidade de ideias alternativas ao instituído e, subsequentemente, dos padrões de comparação que elas poderiam oferecer. Parece-me evidente que nunca poderá haver uma plena e verdadeira democracia sem a democratização dos meios de comunicação e uma total reorientação dos seus conteúdos e da forma como noticiário e entretenimento são veiculados.

Mesmo sabendo que poderei ser acusado de elitismo por certos oportunismos populistas, continuo dizendo que o cidadão médio não tem capacidade de compreender as entrelinhas do discurso político, a mensagem subliminar, bem como o cerne das problemáticas e das ideias. Não se trata de uma incapacidade intrínseca, mas resultante da ignorância. O analfabetismo político, científico e até artístico formam cidadãos despreparados para o fundamental papel de atores sociais que uma democracia que se preze como tal deveria fomentar e garantir invariavelmente. Carl Sagan, o grande divulgador científico do século passado, chamou constantemente a atenção para os perigos de haver cidadãos ignorantes no tocante aos fundamentais elementos constituintes da sua sociedade. No capítulo Ciência e Esperança da sua brilhante obra O Mundo Assombrado Pelos Demônios: A Ciência Vista Como Uma Vela No Escuro, de 1995, Sagan diz: *"Nós criamos uma civilização global em que os elementos mais cruciais – o transporte, as comunicações e todas as outras indústrias, a agricultura, a medicina, a educação, o entretenimento, a proteção ao meio ambiente e até a importante instituição democrática do voto – dependem profundamente da ciência e da tecnologia. Também criamos uma ordem em que quase ninguém compreende a ciência e a tecnologia. É uma receita para o desastre. Podemos escapar ilesos por algum tempo, porém mais cedo ou mais tarde essa mistura inflamável de ignorância e poder vai explodir na nossa cara"*. O mesmo problema ocorre com a esfera política. As pessoas são preferencialmente deixadas de lado, afundadas no que, tal como Sagan, eu também identifico como uma celebração da ignorância, porque a qualquer momento se dispõem a emitir, invocando certa autoridade, opiniões imediatas e descabidas, sem fundamento mas com a assinatura da arrogância de quem se julga acima da construção gradual do conhecimento. Não pode haver democracia efetiva sem a participação consciente dos cidadãos soberanos, e o grande problema do sistema representativo vigente é a inexistência de um estruturado pensamento político por parte do povo. É necessário participar ativamente tanto na prática quanto no exercício teórico para se alcançar algum patamar de discernimento. Ver aquilo que temos diante do nariz é, como disse Orwell, uma luta constante. Funciona assim como todos nós. Nenhum grande teórico político foi formado da noite para o dia ou saiu de um período de agitação social. Eles servem para impulsionar quem já de alguma forma atua, mas é imprescindível o estudo, o *ócio criativo*. É preciso *queimar neurônios*. A política de um mundo extremamente complexo, confuso e formado por um amálgama caótico de interesses antagônicos não pode ser explicada com clichês e lugares-comuns e nem pode ser entendida através dos <u>especialistas</u> oficiais que nos oferecem os *mass media*. Ela exige concentração, observação e muita filosofia, muita determinação, aliás, para estabelecer um corpo coerente de pensamento. E isto tudo é exatamente o que a imprensa não deseja que o povo obtenha, porque a sua existência necessita que ele não tenha formação independente e esteja à sua mercê, sob a sua orientação, que é sempre parcial e que lhe é sempre conveniente. O sistema representativo está arranjado de forma a remeter ao povo à aceitação imposta, ou ao tal consentimento fabricado já anteriormente referido. Os *responsáveis* é que estarão no comando e os conteúdos culturais dominantes continuarão limitando a capacidade de compreensão do povo para que assim ele próprio se convença de que a política é mesmo coisa de gente mais capacitada, de uma *casta* superior geralmente formada por famílias que década após década se mantêm agarradas aos corredores do poder. Oferecem-nos um pequeno leque de possibilidades não muito diferentes umas das outras e sobretudo presas a um mecanismo que automaticamente exclui ou ao menos dificulta ao máximo a participação de elementos demasiado independentes ou distintos. Escolheremos, assim, personagens bem enquadradas, formadas em partidos uniformizadores e apresentadas a nós como opções válidas diversificadas – continuam sendo eleitos os candidatos mais ricos, com máquinas de propaganda mais poderosas.

De forma alguma afirmo que todos os políticos sejam iguais. Este seria um discurso perigoso que poderia provocar reações indesejáveis à liberdade política e propícias aos discursos demagogos autoritários com anseios ditatoriais. De fato há, sim, personagens da vida política com reais intenções favoráveis ao bem-estar coletivo. É por isto que reconheço a importância de apoiar pontualmente a certas figuras que representam certas pautas ou comunidades, mas sempre com uma visão crítica, sem culto à personalidade e favorecendo a eleição de ideias e não de pessoas ou partidos. Mas o discernimento necessário à atuação política acautelada e consciente nunca poderá surgir imediatamente sem alicerces, e o que tem ocorrido no Brasil nos últimos anos mostra de forma extremamente elucidativa os perigos da propaganda política dos grandes meios de comunicação e da utilização dos telespectadores como massas de manobra para reforçar determinados interesses.

Pois bem, a verdade é que o Brasil passa por um período de forte agitação social e crise política iniciadas com mais vigor em Junho de 2013, quando muitos juraram que o "gigante" havia acordado. Desde então, a polarização foi tomando conta do debate e chegou a um ponto crítico em que só se admitem dois lados: o lado bom e o lado mau; o *petralha* e o *coxinha*; o *comuna* e o *reaça*. O que deveria ser um saudável e construtivo debate para finalmente desenvolver a consciência política dos brasileiros se transformou em um Fla x Flu a nível nacional. As posições políticas tornaram-se clubísticas, como torcidas organizadas que se violentam em nome do puro *ganguismo*. E foi preciso isso acontecer para percebermos que não, o mundo não seria melhor se as pessoas se preocupassem com a política como se preocupam com o futebol, uma vez que essa preocupação é desequilibrada, apaixonada, rivalista e vingativa, bairrista, provinciana, *ganguista*, geradora de rancor contra qualquer grupo rival e depreciadora de uma compreensão aprofundada e

131

estruturada. O povo se apega ao futebol para torcer emotivamente, para gritar, insultar, chorar e se entorpecer. A política é algo muito mais sério que o futebol e precisa ser exercida por cidadãos discernidos, esclarecidos e emocionalmente equilibrados. Quando o comportamento das arquibancadas invadiu a política, dentro ou fora dos corredores de representatividade, gerou-se um ambiente de intolerância e violência. Pois façamos todos um *mea culpa*. Este cenário poderá ser favorável aos novos grupelhos sem representação de base mas com forte apoio de um jornalismo corrupto e corruptor, como o protofascista MBL (Movimento Brasil Livre), que, apesar do discursinho apartidário, está totalmente atrelado aos anseios das elites financeiras e da fisiologia política mais abjeta, como ficou evidenciado nas últimas eleições municipais de Outubro de 2016. Também há grupos de esquerda envoltos em velhacaria, nomeadamente alguns vinculados ao PT – como o Mídia Ninja, que nos últimos tempos passou a fazer uma defesa patética do partido –, mas o ativismo dos movimentos sociais de esquerda no Brasil tem base social e tem currículo político, ao contrário dos recentes grupos artificiais desenvolvidos por *playboys* alavancados em discursos rasos profundamente arraigados a clichês e ao mais feroz classismo da elite do país, talvez a mais higienista do mundo, entorpecida pelo delirante desejo de excluir-se do Brasil popular e reservarse a uma espécie de camarote permanente onde se sente ilustre, requintada e moderna enquanto observa a sociedade do alto da própria podridão.

Com base na observação do Fla x Flu político dos últimos tempos e sem o receio de tomar posição (só os mortos são imparciais), embora despartidarizada e com diversos poréns e reservas, fiz uma descrição mais explicativa e menos narrativa do jogo, desejando que todos rapidamente compreendam que o exercício da política se eleva na razão, na lucidez e na concertação, e ela nunca poderá ser tratada como se fosse futebol, que por sua vez se alimenta de paixão, fanatismo e competição. A evolução do futebol enquanto ambiente social dependerá da abertura ao debate político; a evolução da política enquanto espaço de concertação dependerá da rejeição de parâmetros futebolísticos em seu debate.

*Há duas equipes em campo. Uma vestida de amarelo e outra de vermelho. Houve uma eliminatória com jogos de ida e volta e a equipe de vermelho ganhou, eliminando a de amarelo da competição.*

*Porém, o árbitro do jogo, que é o próprio treinador da equipe amarela após ter sido despedido da equipe vermelha, decidiu invalidar o resultado da eliminatória e fazer um terceiro jogo para se vingar da sua ex-equipe.*

*Seu argumento se baseia na acusação de antijogo praticado pela equipe vermelha, com muitas faltas, além de ter atuado com jogadores irregulares.*

*Mas a equipe amarela fez ainda mais faltas e tem mais jogadores inscritos irregularmente. Metade deles não podia atuar devido ao acumulo de cartões, mas o tribunal desportivo retirou as punições por considerá-las exageradas.*

*O árbitro é acusado de manipulação de resultados pela justiça desportiva, mas, além de treinador da equipe amarela, ele também é o presidente da federação.*

*Metade dos jogadores da equipe vermelha tenta de todas as formas fazer gols na própria baliza, numa tentativa de dar a vitória ao rival e posteriormente ganhar um contrato melhor para se juntar ao seu elenco na próxima temporada.*

*Os poucos jogadores de vermelho que tentam ajudar a sua equipe são fortemente hostilizados pela torcida da equipe amarela, que pressiona o árbitro e o faz distribuir-*

*lhes cartões mesmo quando as faltas são cometidas pela sua equipe.*

*Nas arquibancadas, a torcida da equipe amarela, concentrada nos camarotes VIP, exibe faixas de cunho racista, homofóbico e sexista. A torcida de vermelho grita "mãos ao alto que isto é um assalto" enquanto exibe panos brancos e faixas acusando a federação de "tapetão".*

*Há confrontos entre as duas torcidas e o destacamento da polícia militar usa cassetete e gás de pimenta contra a torcida vermelha, que é acusada de tumultuar o espetáculo desportivo pela emissora que transmite o jogo, enquanto a torcida da equipe amarela faz retratos com os policiais com seus aparatos telefônicos.*

*O locutor da emissora até tenta, mas não consegue esconder a sua torcida pela equipe amarela, enquanto o comentarista de arbitragem diz que "a regra é clara" e que o árbitro está tendo uma atuação perfeita.*

*Ambos os clubes são acusados de montar seus elencos com verba pública destinada à construção do estádio onde ocorre o jogo, cujo custo inicialmente estipulado foi superado em 500%. Apesar de novo e moderno, ele sofre com falta de manutenção.*

*O jogo, de nível técnico sofrível, é disputado num gramado visivelmente esburacado e irregular, e a tempestade que se impõe deixa evidente a falta de eficácia do sistema de escoamento, que não consegue mitigar as cada vez maiores poças de lama.*

## Eis o Golpe

(Maio de 2016)

Então é hoje que a direita brasileira, a elite financeira e a imprensa corporativa concluirão o seu segundo *Golpe de Estado* dos últimos 50 anos. O primeiro resultou numa ditadura militar de duas décadas, com censura, tortura, mortos e desaparecidos. Este segundo terá a função de dizimar os avanços sociais dos últimos anos, mas enfrentará as ruas e movimentos sociais fortalecidos.

Não tenho pena de Dilma. Isto não tem nada a ver com a sua gestão fracassada. Ela aliou-se pornograficamente a quem agora a derruba, traindo o povo que a elegeu e virando-se para ele apenas quando precisou de ajuda. O importante aqui é denunciar a postura golpista, com desprezo às instituições, de setores que sempre se travestiram de legalismo.

Não passam de abutres.

O PMDB terá o seu terceiro presidente da república entre sete do pós-ditadura. *Nenhum* foi eleito! É o maior antro de velhacaria parasitária da *Pindorama*.

O PT voltará a ser oposição. Espero que os verdadeiros partidos de esquerda não cometam o erro de perdoá-lo. Pelo menos não antes da mais que necessária autocrítica, algo que ele fez questão de não fazer no auge da sua arrogância, entorpecido pelo poder.

Os setores mais corruptos da sociedade brasileira alcançam o Executivo em nome do combate à corrupção. E o Padilha já prepara uma série para a *Netflix*.

## Fragmentos do Golpe

(Maio de 2016)

Michel Temer faz história: é o primeiro a assumir a presidência tendo sido condenado e declarado ficha suja e *inelegível* (por 8 anos).

*Enquanto houver otário no mundo, malandro não morre de fome*, já dizia Bezerra da Silva.

Ademais, seu nome foi citado várias vezes na célebre Lava Jato. Feito extraordinário! Sobretudo porque há milhões de pessoas achando que agora começa uma nova etapa na história do Brasil.

O grande Millôr Fernandes já havia dito que *o* Brasil teria *um enorme passado pela frente.*

*Novo ministro da Fazenda agrada mercado e "entende como Brasília funciona",* diz artigo do portal UOL. E você aí, achando que seu título de eleitor vale alguma coisa diante das exigências plutocráticas do Deus Mercado.

Lembram-se da imprensa até anteontem raivosa, cheia de rancor e histeria? Num passe de mágica ela ficou mansinha, compreensiva e paciente. A imprensa corporativa voltou a ser *chapa branca*, minha gente. E faz todo o sentido que agora o seja, porque esse *GOLPE* se deve em grande parte à sua vigorosa atuação contra a democracia brasileira, preparando o terreno e moldando as cabecinhas.

O interino golpista Temer extinguiu nove ministérios. Destaco três deles, por ser elucidativo:

Ministério do Desenvolvimento Agrário; Ministério das Mulheres, da Igualdade Racial e dos Direitos Humanos; Ministério da Cultura (ausente pela primeira vez desde o fim da ditadura).

O Ministério da Justiça e Cidadania fica a cargo de um sujeito que os estudantes paulistas conhecem bem pelo seu aparato repressivo. A facção criminosa PCC e o não menos criminoso Eduardo Cunha também o conhecem bem pelos seus serviços prestados como advogado. Há duas mãos cheias de novos ministros (todos homens, brancos, ricos e parasitários da política fisiológica) envolvidos em casos de corrupção, com alguns deles já tendo sido condenados, como Gilberto Kassab, antigo prefeito de São Paulo e condenado em 2014 por *desviar* uma quantia *irrisória* de R$ 118 milhões.

Mas talvez a grande piada de toda essa tragicomédia é a (re)criação de um ministério chamado...Gabinete de Segurança Institucional da Presidência da República!

SEGURANÇA INSTITUCIONAL DA PRESIDÊNCIA DA REPÚBLICA!!!

Será que Temer está com medo de provar do próprio veneno?

**Fisiologia**

(Maio de 2016)

Um partido chega ao poder, impõe medidas de austeridade, torna-se impopular e ao fim da gestão, concluída ou abreviada, seus membros dispersam-se por cargos que orbitam o Executivo e o Legislativo. Muitas vezes migram para empresas privadas e regressam num novo ciclo político ou eleitoral. Assim, temos figuras fisiológicas por décadas, que revezam entre o executivo político e o administrativo empresarial consoante as marés de popularidade.

A fisiologia política se traduz no câncer que corrói os órgãos democráticas num corpo que não consegue produzir a cura na lucidez e no discernimento.

## Amarelo? Só se for manga

(Maio de 2016)

A cor amarela em política está historicamente ligada à influência patronal em elementos do operariado para sabotar greves. Já no século XIX, em países como a França, os *fura-greves* eram chamados de *amarelos*, provavelmente devido à fama de operários orientais que não aderiam às ações sindicais.

A cor parece ter (re)surgido nos últimos dias em Portugal com a questão do financiamento público a escolas privadas. Até há protesto marcado e a cor amarela tem dado o tom. Então lembrei-me de que as diversas vertentes do anarquismo possuem suas bandeiras sempre preservando uma metade transversal preta e outra com a cor da causa em foco. Exemplificando, a bandeira do anarcossindicalismo e comunismo libertário têm a sua outra metade preenchida a vermelho, a da ecologia libertária a verde, a do anarcofeminismo a lilás, a do anarquismo *queer* a rosa e a do anarcopacifismo a branco.

Já o *anarco*capitalismo – que representa uma bizarra contradição em termos e uma forçada tentativa de apropriação da tradição libertária –, tem a sua outra metade justamente a *amarelo*.

Não é coincidência.

No Brasil, amarelo tem sido a cor do protofascismo. Não apenas nas vestes futebolísticas das micaretas reacionárias. Grupos como o MBL, empenhados na sabotagem de movimentos sociais e estudantis, são autênticos herdeiros da tradição *amarela*.

Os operários revolucionários diziam que *amarelos* eram piores que os patrões. E tinham certa razão; eles preteriam à sua própria classe em nome da vassalagem. Mas no caso do MBL há uma diferença: seus membros são parte da própria classe patronal. Um dos seus líderes, Renan dos Santos, acumula contra ele mais de cinco dezenas de processos, a maioria dos quais trabalhistas. Segundo Pedro Lopes e Vinicius Segalla, em reportagem para o próprio UOL no dia 8 de Maio de 2016, as acusações incluem *"fechamento fraudulento de empresas, dívidas fiscais, fraude contra credores, calote em pagamento de dívidas trabalhistas e ações de danos morais, num total de R$ 4,9 milhões"*.

Agem com consciência de classe, portanto, e deles não espero nada senão o ataque aos direitos trabalhistas.

## Liberdade

(Maio de 2016)

Mais do que nunca devemos desconfiar totalmente de pessoas, movimentos e partidos que utilizam de forma tão vazia, gratuita e difusa palavras como *livre*, *liberdade* e *liberal*. Em boa parte, trata-se da sequência da apropriação desses termos por quem odeia o significado dos mesmos e atua em nome do interesse plutocrático de elites financeiras.

A distopia do neoliberalismo: Estado mínimo para os de baixo, Estado máximo para os de cima.

E quanto ao termo *libertário*, apropriado descaradamente pelos devotos da Escola Austríaca, ele sempre designou os movimentos europeus de influência anarquista e socialista dissidente que fizeram frente a tirania de monarquias e ditaduras republicanas, tanto fascistas quanto stalinistas. A tradição política libertária está profundamente arraigada ao sindicalismo revolucionário europeu. O grande momento dos socialistas libertários ocorreu em 1936 com o eclodir da Guerra Civil Espanhola, durante a qual empreenderam a mais profunda experiência comunista da história humana, com coletivizações urbanas e rurais que

146

foram brutalmente combatidas pelos franquistas por um lado e pelos stalinistas por outro.

É imprópria a utilização do termo pela recente moda dos grupos da nefasta ideologia elitista de salões aristocráticos que reivindicam o Estado mínimo ou sua total abolição em favor de dogmas mercadológicos. É preciso ter muito cuidado com a profanação da ideia de liberdade propagada por quem defende ideais plutocráticos.

## Uma falsa virtude

(Maio de 2016)

Pouco me importa ser chamado de *revolucionário*, *radical* ou *politicamente correto*.

Aliás, o único que talvez me importe verdadeiramente poderá ser o último rótulo, já que, em muitos meios, existe essa sanha sociopata de venerar o politicamente *incorreto*, como se a mera escatologia contra a normalização de novos direitos adquiridos por certos grupos sociais historicamente estigmatizados fosse por si só uma garantia de razão ou pensamento independente, quando na verdade só se está fazendo *revival* dos velhos estigmas sociais.

Não há nada de novo e de original nisso. Não é nenhuma grande sacada rebelde. O politicamente incorreto reacionário, ou seja, que assume-se como reação à emancipação de minorias ou grupos historicamente subjugados é o que de mais antiquado e anacrônico há na sociedade. Teno lido e ouvido ataques severos contra o que alguns chamam de *ditadura do politicamente correto*. É abjeto o egoísmo de quem acha que o preconceito, a discriminação e o privilégio são direitos sagrados atemporais resultantes do normal funcionamento da sociedade tradicional. As injustiças, por mais enraizadas que estejam, *devem* ser abolidas. É evidente que sua abolição causará fraturas. Não há mudanças profundas sem conflitos. As sociedades estão organizadas de acordo com grupos sociais que defendem seus interesses. Os grupos historicamente privilegiados tentam manter os seus, mas os grupos que agora se emancipam querem justiça e reconhecimento da sua dignidade. Este é o verdadeiro dilema de uma luta que não pode ser pejorativamente rotulada. E não há nada de errado com o politicamente correto, como já diz o próprio termo. Errado é fazer apologia do que é claramente incorreto e injusto. Exageros, falhas e incoerências haverão sempre em todas as ideologias, mas nunca podrão servir para desmerecer toda uma causa. É bom que as pessoas compreendam isso antes de apoiar posturas incorretas em nome de uma rebeldia que não passa de servidão.

# Teoria do óbvio?

(Maio de 2016)

O exercício de explicar o óbvio necessitando de uma complexidade semelhante a teorias científicas é sintomático de uma sociedade embrutecida que interfere negativamente na capacidade cognitiva dos seus cidadãos. Vivemos um período conturbado em que as pessoas exigem até de modo arrogante explicações simplistas e imediatas do que acontece. Todos querem também dar a sua opinião. Aliás, gritá-la. Querem impor opiniões sem substância nem fundamento, fazendo verdadeiras afirmações de autoridade a partir dos achismos mais toscos. A popularização do debate político e a sua espetacularização nos grandes meios de comunicação resultou numa perigosa precipitação patente na atuação de uma nova multidão politicamente interessada que saltou todas as etapas básicas da história e da filosofia política. Saíram da completa alienação para os centros de discussão acirrada. O resultado é o ruído e o ódio. É a polarização extrema. Neste cenário, preceitos básicos da convivência política têm sido atacados violentamente. O Estado de Direito tem sido desprezado e os direitos humanos odiados e acusados de proteger a criminalidade. De repente, todos começaram a se interessar por política achando que para tal bastaria simplesmente abrir a boca e metralhar verbalmente o que viesse pela frente. Desabafos tomaram o lugar da racionalidade. A intolerância sobrepôs-se à concertação. Estigmas foram reforçadas e os setores conservadores ganharam um fôlego preocupante que tem feito o Brasil caminhar na direção contrária à da generalidade do tal *mundo ocidental*.

Chegamos a um momento em que evidências parecem invisíveis. Em que o óbvio parece evaporado. Em que a ciência é refutada por achismos catárticos. Tudo passou a se redefinir em uma nova remessa de *slogans*, chavões, clichês e rótulos. As ciências políticas são tratadas com total desprezo, como se fossem apenas caprichos de intelectualóides manipuladores. O ódio tornou-se virtude. A falta de cultura política e científica da população brasileira vai passando a fatura, mas num cenário em que parece reinar a irracionalidade, quem se vai importar com teorias consubstanciadas? O que vale o óbvio e o correto quando as narrativas contaminadas por recheios açucarados (e venenosos) são mais satisfatórias para quem nunca se alfabetizou politicamente?

## O Gregório

(Maio de 2016)

Na Quarta-Feira à noite estive no Passeio das Virtudes para mais um piquenique com amigas estrangeiras. A certo momento, enquanto palhetava o meu *ukulele*, passou por mim o Gregório Duvivier, do Porta dos Fundos, caminhando ali normalmente como se fosse mais um morador da cidade.

Surpreso e meio embasbacado, eu disse às meninas que conhecia aquele sujeito que passava por nós. Precipitadas, elas então começaram a chamá-lo, mas logo as interrompi dizendo que o fato de o conhecer não significava que ele me conhecesse.

Tive vontade de ir trocar umas ideias – seu programa de humor é dos poucos que a minha mente mal-humorada aprecia, junto com *Monty Python* e George Carlin –, mas seu caminhar era tão sossegado e pacífico que não pude ousar interrompê-lo apenas para ter acesso a uma pessoa pública.

No dia seguinte, ontem, houve o evento Portugal pela Democracia, um debate aberto de denúncia do golpe no

Brasil. A sala de teatro do Palácio do Bolhão estava tão apinhada que um grupo de pessoas no qual eu me incluía foi impedido de entrar por uma responsável pelo edifício devido à falta de espaço. Mas, como se costuma dizer, *brasileiro não desiste nunca*, e bastou ela distrair-se para invadirmos a sala e encontrarmos algum espaço. Eu mesmo me sentei no chão do palco.

O Gregório iniciou e encerrou o evento que teve diversas intervenções de cidadãos portugueses e brasileiros residentes em Portugal. Muitos dos que participaram eram educadores. Quase todos fazendo doutoramentos ou pós-doutoramentos. Muitas falas de incredulidade, revolta e tristeza. Mas também muito empoderamento, vigor e lucidez.

Certa catarse fazia-se notar. Era necessária e inevitável.

Não intervim por não ter preparado algum discurso e por dar-me muito melhor com a expressão escrita. Não sou pessoa de discursos. Evito-os desde os tempos da faculdade.

Gosto muito de ouvir experiências de outros brasileiros residentes em Portugal. Todos temos histórias de superação e todos tememos que o Brasil regresse a décadas tenebrosas.

Como encerramento, fizemos *foto de família* e um video com palavras de ordem contra o interino golpista Temer.

Atrasado para outro compromisso, saí num pinote. O Gregório, também já meio atrasado para a sua peça de teatro Uma Noite Na Lua, corria pela rua em direção ao Coliseu do Porto, mas era obrigado inúmeras vezes a parar respeitosamente, numa paciência comovente, para fazer fotos com transeuntes que o reconheciam.

Mais tarde, pela madrugada adentro, encontrava-me numa festa na casa de amigos, já ébrio, quando recebi uma chamada de duas amigas brasileiras que me esperavam na rua do 77. Acabei por me perder na noite e não as encontrei. Hoje, ao acordar, vi uma foto delas com o Gregório no referido local.

Não é a primeira vez que ele participa da noite na rua mais multicultural da cidade. Há relatos de aparições anteriores. Nota-se claramente que ele faz questão de sentir a *cidade profunda*.

Com este texto quero fazer três observações:

1 - Gregório Duvivier é um grande humorista e uma mente brilhante. Merece o status de figura pública porque tem algo a dizer e colabora positivamente para o desenvolvimento cultural e artístico da sociedade. Seu engajamento político é admirável, sobretudo por ele não ter medo de enfrentar setores poderosos da sociedade brasileira. Ao contrário da tradição humorística brasileira, o Porta dos Fundos tem como alvo principal grupos sociais historicamente detentores do poder, e não reforça a pressão sobre grupos historicamente estigmatizados e em desvantagem. Este é o seu grande mérito.

2 - Sua postura singela e totalmente oposta ao vedetismo é uma sugestão de caráter. Ontem mesmo eu conversava com amigos que trabalham na organização de eventos – alguns grandes, geralmente musicais – e me contavam dos caprichos absurdos e arrogantes de artistas que se julgam deuses e tratam organizadores como se fossem seus escravos.

3 - A comunidade brasileira pensante e politicamente consciente em Portugal está inteiramente do lado que a história mostrará ser, inevitavelmente, o certo.

Agora sim posso dizer, sem ironias, PARABÉNS A TODOS OS ENVOLVIDOS.

## Precisamos falar de feminismo

(Junho de 2016)

O ódio ao feminismo é uma conveniência masculina e é preciso que nós, homens, o admitamos. Mulheres combatendo com vigor a sociedade patriarcal incomodam porque configuram uma ruptura e uma desconstrução. Nós, homens, somos os privilegiados e temos muito bem digeridos comportamentos que a maioria sequer alguma vez questionou. Sempre foram um direito adquirido pela prática. Pelo costume. Pela tradição. Sempre foi assim e agora essas *feminazis* querem atrapalhar, com essa cartilha *politicamente correta, cagando regras*.

Não se trata de encarar acriticamente a luta das mulheres. Há feministas que exageram e se perdem em sectarismos. Há defeitos, tal como em todas as outras ideologias e movimentos criados pela humanidade. O feminismo não é perfeito; é necessário. As suas falhas não podem ser usadas para deslegitimá-lo. Fazê-lo não é um ato justo, mas um oportunismo rasteiro. Nada mais normal, ao longo da história, do que grupos sociais dominantes defendendo o seu *direito* ao privilégio. No caso da questão de gênero, não nos esqueçamos de que até os meios revolucionários foram totalmente sexistas até meados do século XX.

157

Talvez a Revolução Espanhola de 1936 tenha sido o primeiro processo em escala considerável de empoderamento feminino prático, com as milicianas anarquistas. E ainda assim elas sofreram perseguição de alguns dos seus próprios camaradas, incluindo mulheres.

Ao longo do século passado muito avanço foi conseguido. Todos eles à base da luta. Quem hoje desconsidera a importância do feminismo não conseguiu discernir a história e deveria assumir o compromisso de reversão dessa falha. Ademais, os homens parecem não perceber o quanto o feminismo lhes é favorável. A compreensão desse movimento implica uma gradual desconstrução do nosso próprio papel histórico: o de macho alfa. Algo que sempre nos fez muito mal e é responsável não apenas pela autoafirmação masculina frente às mulheres, mas também pela disputa entre os próprios homens.

Às demais espécies animais estão reservados pressupostos instintivos. A nós, além desses, está a nossa capacidade racional de gerar e desenvolver valores éticos. Somos capazes de criar ideias, de transformá-las, contextualizá-las. Estamos aptos à percepção do nosso entorno e das relações sociais estabelecidas. Temos a capacidade da política, da filosofia. Da busca pela razão. E também temos sensibilidade, essa palavra quase sempre associada a fraqueza, que por sua vez é associada às mulheres. Há uma convenção social nos dizendo que um homem sensível é um homem efeminado.

Mas a sensibilidade é, na verdade, perspicácia; um sentido apurado de percepção da realidade. O que nos leva ao sentido de justiça. Não acredito que haja um homem capaz de concluir mediante um exercício racional honesto a não existência de injustiças de gênero insustentáveis. Os que se dão a esse papel patético o fazem por conveniência. Não apenas conveniência de gênero, mas ideológica. Atualmente deparamo-nos com uma feroz reação de setores conservadores contra o feminismo. Mas esses setores estão cumprindo um papel histórico. O que chama a atenção é não estarem sozinhos. Encontram apoio entre liberais. Entre aqueles que, a princípio, só se distinguiriam da esquerda devido a antagonismos no campo econômico. Esses liberais também ignoram a história e passaram a reforçar um coro vitimista: *a esquerda sequestrou os movimentos sociais.*

Nada pode ser mais ridículo!

Ao longo do último século os movimentos ligados aos direitos civis das minorias e dos grupos historicamente estigmatizados encontraram espaço e apoio apenas na esquerda, tanto a partidária quanto a autônoma. Falamos das mulheres, dos negros, dos imigrantes, dos homossexuais. A direita sempre se opôs profundamente ao reconhecimento e normalização dos direitos desses grupos e eles se desenvolveram dentro da esquerda, enquanto ajudavam a própria esquerda a se desenvolver e se reconfigurar, porque ela própria também precisou revisar-se. Não houve nenhum sequestro. Houve simbiose.

Agora, apercebida do atraso a que essa postura a condenou, a direita liberal tenta correr atrás do prejuízo, forjando uma releitura do cenário. Assim surgem as aberrações, e uma delas são as mulheres antifeministas, que atuam ativamente na sociedade, são até empoderadas, mas não reconhecem o papel fundamental do feminismo na posição que ocupam e, pelo contrário, combatem-no como se combatessem um inimigo da sua liberdade e individualidade. Mesmo que não sintam a necessidade do feminismo, a realidade lhes manda um sério aviso: no Brasil, a violência contra as mulheres aumentou 44% no último ano (2015), dados que até se pressupõem conservadores, já que contabilizam apenas ocorrências registradas.

Quando vejo homens (e mulheres) criticando o atual vigor que tem feito o feminismo encabeçar as lutas sociais, recordo-lhes que isto é uma reação proporcional à situação. Quem está numa posição de privilégio pode estar entorpecido pelo egoísmo ou pode simplesmente não ter a necessidade da mudança. Não sentem na pele, para ser mais claro. A intransigência de homens que se posicionam contra a regulamentação do aborto é um vestígio desse egoísmo – e a este tema eu reservo uma problemática apenas de saúde pública, porque todo o resto resulta de uma interpretação religiosa e simplesmente a dispenso por não conferir-lhe qualquer valor.

Na questão da intromissão verbal, do assédio, da violência física e do abuso sexual, ainda há uma grande luta a ser travada contra a culpabilização da vítima. E não falamos de comentários idiotas de anônimos na Internet. São os nosso amigos, parentes. Somos nós próprios. Todos já tivemos ou temos comportamentos sexistas. Incluindo muitas feministas. A desconstrução de velhos e enraizados hábitos é um processo longo de várias etapas. É uma reconfiguração de posturas, valores e relações. Para se chegar à normalização dessa reconfiguração é preciso superar vícios milenares que impregnam, inclusive, o nosso entendimento cultural e histórico.

Uma das reações contra esse processo é o apelo ao politicamente incorreto como se de virtude se tratasse.

Como já referi em outro texto, valores são invertidos e o correto é utilizado como um entrave à liberdade, dando fôlego a uma interpretação ideológica do incorreto, *como se a escatologia contra a normalização de novos direitos adquiridos por certos grupos* – no caso, as mulheres, mas poderíamos falar dos negros, índios, homossexuais e mesmo animais – *fosse por si só uma garantia de razão ou pensamento independente, quando na verdade só se está fazendo revival de velhos estigmas sociais.* E não nos esqueçamos de que se por um lado a Internet potencializou a democratização da informação e da comunicação, por outro ela deu voz aos imbecis, como bem disse Umberto Eco não como suspiro de arrogância, mas como uma denúncia da mediocridade intelectual de quem passou a assumir a necessidade de falar sem ter nada a dizer.

E em relação ao feminismo a voz dos homens (com as honrosas e até muitas exceções que confirmam a regra) tem sido um ruído que ecoa imbecilidade e não adiciona nada de positivo ao progresso não apenas do direito das mulheres mas de toda a sociedade, porque estamos falando de metade da humanidade. Estamos falando da vida até das mulheres antifeministas. Porque, queiram ou não, elas também são beneficiadas pelas conquistas das lutas feministas.

E aos homens nem é preciso pedir que se engajem na causa. Bastaria que não contribuíssem negativamente. Já seria uma grande ajuda. Por conseguinte, quem vê no feminismo uma inversão do machismo deve, urgentemente, reeducar-se. Precisa debruçar-se sobre alguns poucos amontoados de história e conectar-se com o mundo real. Precisa perceber que o feminismo nunca matou ou violou ninguém, já o machismo...

## A fonte do esquecimento e o lago da memória

(Junho de 2016)

A impotência que se nos acomete perante mais um ataque terrorista gera revolta, desconforto e algumas divagações:

1) A homofobia começa na estigmatização dos LGBTs feita por figuras públicas, reforça o conservadorismo difuso da sociedade e termina na mão que assassina. O discurso de ódio tem a sua parcela de culpa no ocorrido em Orlando e no que ocorre todos os dias nas ruas do Brasil e do mundo.

2) Apesar de não se poder generalizar, a verdade é que as religiões têm embrionado o ódio homofóbico ou servido como escudo desse mesmo ódio, em nome da *liberdade de expressão*.

3) A canalhice de certos cristãos brasileiros, conhecidos pelo tom homofóbico dos seus discursos, ao instrumentalizarem o atentado para dele retirar dividendos religiosos é a total podridão de caráter. Além de se isentarem de culpa, tais homofóbicos utilizam a tragédia da comunidade LGBT para vomitar islamofobia. Nada mais conveniente.

4 - Há, no Brasil, setores com forte representação parlamentar que reivindicam a legalização do porte de armas de fogo. Isso num país com violência banalizada, onde já ocorrem 50 mil homicídios por ano e que tem uma população amedrontada, emocionalmente desequilibrada e vingativa. Uns dizem que é para enfrentar os bandidos com os próprios meios. Outros dizem que é para enfrentar a polícia, o Estado. O Brasil é um país historicamente fratricida cheio de graves problemas sociais, não é a Suíça.

5 - Antes da invasão dos EUA ao Afeganistão e ao Iraque, o terrorismo estava limitado a umas poucas áreas isoladas, algumas tribais, sobretudo no Médio Oriente. Após as duas referidas campanhas bélicas – responsáveis pela eclosão da violência sectária que agravou os conflitos na região – ele espalhou-se pelo globo. Chegou ao nosso entorno e à nossa realidade, por assim dizer. A cada novo ato, o reforço de uma certeza: George Bush, Tony Blair, José Maria Aznar e Durão Barroso são os quatro maiores criminosos do pós-II Guerra Mundial. Estão todos livres e ricos. O último deles foi até recompensado ocupando por dez anos o cargo de presidente da Comissão Europeia. Antes de nós, *ocidentais*, apontarmos o dedo aos *outros*, não nos esqueçamos de que quem realmente financiou o

terrorismo nos últimos 30 anos foram governos eleitos por nós.

6 - Nietzsche disse que sem a música a vida seria um erro:

*Do lado do cipreste branco,*
*À esquerda da entrada do inferno,*
*Está a fonte do esquecimento:*
*Vou mais além, não bebo dessa água.*
*Chego ao lago da memória,*
*Que tem água pura e fresca*
*E digo aos guardiões da entrada:*
*– Sou filho da Terra e do Céu.*
*Dai-me de beber, que tenho uma sede sem fim.*
*Olhe nos meus olhos,*
*Sou o homem-tocha.*
*Me tira essa vergonha,*
*Me liberta dessa culpa,*
*Me arranca esse ódio,*
*Me livra desse medo.*
*Olhe nos meus olhos,*
*Sou o homem-tocha*
*E esta é uma canção de amor.*

(A Fonte, de Legião Urbana, com letra adaptada de um poema órfico)

## Dar o exemplo

(Julho de 2016)

Sobre a ideia do patronato industrial brasileiro de aumentar a jornada de trabalho de quarenta e quatro para oitenta horas semanais, só uma coisinha:

Quem defendeu o golpe, quem saiu às ruas de verde e amarelo, quem combate movimentos sociais e sindicais, deveria, em nome da coerência, voluntariar-se para trabalhar oitenta ou até cem horas semanais. Ademais, deveria pedir o fim do seu próprio décimo terceiro salário e excluir-se de todas as garantias laborais do direito trabalhista.

É preciso dar o exemplo!

E é preciso mostrar que essa coisa de guerra de classes é conversa de esquerdista vagabundo. O que existe mesmo é uma vontade enorme da classe trabalhadora de trabalhar cada vez mais por cada vez menos direitos.

Direitos sociais e laborais para quê, quando há a satisfação de ser engrenagem na ditadura da produtividade a todo o custo?

## Ódio, alienação e deficit científico

(Julho de 2016)

Uma das causas da extrema polarização do debate político no Brasil é a falta de cultura científica da população e a ausência de uma efetiva cultura do conhecimento que vocacione os indivíduos à racionalidade e à busca pela real compreensão dos fenômenos sociais. É por isso que o Brasil se afunda no obscurantismo conservador e continua preso superstições e dogmas que acabam por influenciar sua relação com ideias políticas. No meio da presente cacofonia vai ser difícil fazer o povo perceber que programas sociais e científicos devem ser *políticas de Estado* e não de partido ou espectro. Com este cenário antropofágico, quem adotar discursos racionais (e racionalistas) será violentamente atacado e acusado de conspirar em favor do *marxismo cultural*. São tempos difíceis, mas desistir não é opção. Além do deficit de cultura científica da população, há o agravante da velocidade supersônica da *verdade* e da *mentira* (por meio de uma Internet cada vez mais corrompida e utilizada como instrumento de sabotagem) que obriga a todos uma digestão rápida e ineficaz dos conteúdos consumidos. Há uma intencionalidade nas agências noticiosas: utilizar a velocidade da (des)informação para confundir e ludibriar as pessoas conforme os interesses que se impõem. E o poder da fabricação midiática de conjunturas imediatistas é enorme. É também por isso que a concertação social foi rebaixada a discussões que geralmente acabam exatamente em *congestões*. Por fim, há o elemento *ódio*: ele é corrosivo e virulento. Parece mesmo incontrolável e triunfante. Espero que a noção de humanismo prevaleça.

## Escola Sem Partido: uma ofensiva castradora

(Julho de 2016)

Essa ofensiva conservadora (mal) travestida de projeto educacional é uma das maiores ameaças à sociedade brasileira porque ataca um ambiente potencialmente criador de pensamento crítico: a escola. Dentro do atual cenário de dicotomia e rivalismo exacerbado que tem reduzido as forças políticas e ideológicas a apenas dois grandes campos de rotulagens pouco consubstanciadas (Direita e Esquerda), e com o crescente clima de intolerância favorável ao reacionarismo que sempre existiu na sociedade brasileira, é compreensível que também o sistema educacional seja alvo de tentativas de condicionar a capacidade de pensamento fora das paredes conservadoras que historicamente encaixotam a cabeça das massas.

*Escola Sem Partido* é o nome de uma organização que não é assim tão nova quanto os mais desatentos imaginam. Ela existe há mais de uma década e foi impulsionada por um sujeito chamado Miguel Nagib. Recomendo uma breve pesquisa sobre ele, sobre suas ideias e sobre o Instituto Millenium e a famigerada TFP. Conhecendo as ideias defendidas por esses nomes podemos perceber inequivocamente qual é a índole e a verdadeira intenção dessa conjuração. Também é bom lembrar que a organização se transformou em projeto por meio de nada menos que um dos filhotes do ídolo-mor daqueles analfabetos políticos que se fazem de papagaios de discursos de ódio. Sim, o grande *mito* Jair Bolsonaro. A ideia de criar o projeto de lei é da sua cria Flávio Bolsonaro. Acho que só isso basta e eu poderia encerrar este texto aqui mesmo. Mas apetece-me mais umas linhas.

Os coordenadores do *Escola Sem Partido* são pessoas profundamente ligadas ao pensamento conservador, todos eles esquerdofóbicos e anticomunistas fanáticos. Quando eles falam em doutrinação, na cabeça deles está claro que se trata de marxismo, e como tal não sentem sequer a necessidade de o explicarem. Estão tão convencidos da teoria da conspiração de que são autores que julgam as explicações desnecessárias. Não tomemos cuidado e essa trupe vai voltar a transformar as escolas brasileiras em arregimentações rígidas e esterilizantes, como na Ditadura Militar. *Escola Sem Partido* é, por si só, uma ideologia muito bem identificável.

Infelizmente, nunca tive um professor de História no ensino secundário que me *doutrinasse* com uma *cartilha esquerdista*. Tive de adquirir consciência social sozinho.

Empiricamente, digamos, porque nunca vivi em bolhas de ambientes elitistas alheias à realidade social – muitos dos meus colegas de turma tinham na merenda escolar dos carcomidos colégios públicos a única refeição do dia.

Mas tive *professores* – alguns evangélicos – em disciplinas de Religião e Educação Moral e Cívica que tentaram lavar o meu cérebro e ao dos meus colegas, num dos muitos vestígios da esterilização que a Ditadura Militar causou na educação pública brasileira e que a abertura política não tratou de extinguir por medo da reação dos grupos religiosos.

O que o *Escola Sem Partido* pretende é reforçar a estupidificação e o embrutecimento que década após década vai garantindo a formatação da juventude e a sua alienação dos espaços de atuação política. Vejo um monte de *liberais* apoiando-a em nome da esquerdofobia.

Estão apoiando um projeto que não é nada senão FASCISMO.

Ademais, trata-se de um projeto anticientífico que tenta estabelecer uma brecha para o ensino do Criacionismo como *alternativa* à Teoria da Evolução como se ambos se equivalessem e fossem apenas *opções* à escolha. Para mim é evidente que o Escola Sem Partido quer castrar as mentes e impor uma doutrinação conservadora arraigada às superstições cristãs que infelizmente encontram profunda aceitação numa sociedade desprovida de conhecimento científico como é o caso da brasileira. Não se esqueçam de que religião também é ideologia, e que todos os envolvidos nesse projeto pernicioso estão ligados direta ou indiretamente às doutrinas cristãs predominantes.

O Escola Sem Partido é parte de uma espécie de pacote teocrático que pretende transformar o Brasil em *Brasilquistão*. E também é uma ofensiva politicamente antidemocrática que visa retirar das salas de aula o estudo de autores e ideias identificadas com as linhas progressistas do pensamento. Começa assim, dizendo que quer acabar com a suposta doutrinação marxista e a história nos mostra que acaba sempre insaciável, querendo por fim eliminar tudo o que não se enquadre na doutrina de um projeto que é claramente ideológico e pretende criar uma escola não sem partido, mas sem o pensamento crítico indispensável para que estimas sociais sejam postos em causa e lutas emancipatórias se fortaleçam.

E sobre o *kit gay,* uma coisa: ele nunca existiu. Esse termo pejorativo é da autoria do tristemente célebre *mito* já referido neste texto. O que existiu na realidade foi um programa de combate ao preconceito. E qualquer pessoa bem informada e minimamente antenada com as tentativas de erradicação da discriminação na sociedade sabe que elas são uma luta que deve ser, sim, política de Estado, porque a ele cabe o papel de agente de um pacto social que estabeleça o respeito, a aceitação, a tolerância, a harmonia e a justiça.

Não me espanta que o *Escola Sem Partido* esteja ligado a figuras como Miguel Nagib, família Bolsonaro, Marco Feliciano, Silas Malafaia, Olavo de Carvalho e Rodrigo Constantino. Eles estão apenas cumprindo o triste papel de obstáculos ao desenvolvimento humano. Serão, inevitavelmente, peças esquecidas num qualquer canto escuro do *museu da vergonha* porque não poderão deter os avanços éticos e filosóficos que fazem o mundo progredir mesmo que sem conformidade em função da maior dificuldade de algumas sociedades em se desprender do obscurantismo. Espantar-me-ia se eles fossem agentes positivos desses avanços inevitáveis.

Não é estranho (e bizarro) que pessoas comprometidas com doutrinas anticientíficas e que nada têm a ver com pedagogia queiram empreender transformações no ensino?

174

As escolas devem impulsionar o debate de ideias. Devem promover o pensamento crítico. Devem tornar acessível aos estudantes tudo o que é relevante cientificamente e tudo o que de alguma forma ajudou a moldar o mundo. O nefasto projeto dessas figuras claramente atreladas a interesses ideológicos é uma amostra de dor de cotovelo. De inveja, até. Se os conservadores e os reacionários querem ter a mesma relevância acadêmica das mentes progressistas, que se esforcem para isso em vez de se quererem impor pela força e por meio de patéticas teorias da conspiração. Façam ciência em todas as suas vertentes. E parem de subestimar o entendimento sociológico.

Sabem por que a esquerda e os socialistas predominam nas ciências sociais? Porque os conservadores e os reacionários sempre as desprezaram da mesma forma que sempre desprezaram os movimentos sociais. Agora inventam pretextos esdrúxulos porque se negam a reconhecer a própria incompetência em matéria de compreensão dos fenômenos sociais.

## Janaína Paschoal

(Agosto de 2016)

Uma *advogada* que vale quarenta dinheiros chorando (leia-se ENCENANDO) e invocando Deus no Senado faz com que a certeza da farsa desse processo só não seja maior que a vergonha alheia que ele provoca.

Agora sabemos, graças a ela, que foi Deus quem deu forças e inspiração à cambada de corruptos, incluindo a própria, para destituir Dilma.

Ainda bem que sempre preferi o Diabo!

Goste-se ou não de Dilma – e eu não gosto, nunca gostei – não há comparação possível entre sua figura resistente e cheia de retidão e uma pessoa desequilibrada incapaz de tecer pareceres técnicos e traidora da sua própria profissão – e do seu próprio gênero, aliás.

## Internet

(Setembro de 2016)

Sejamos críticos, sempre, mesmo perante a difusão de ideias ou notícias que consideramos convenientes. A Internet já foi um meio de informação alternativa - ainda é, nalguns grupos sérios que a isso se prestam, mas atualmente ela veicula muito mais mentiras que os meios convencionais, infelizmente, em função do viés de conformidade, da conveniência da mentira. Há pouco menos de duas décadas aqueles que se preocupavam com a democratização da informação vibravam com a possibilidade de massificação de um novo veículo que poderia ser controlado pelo povo e não por grandes aglomerações corporativas. No início, víamos a Internet como redentora do jornalismo e da comunicação e através dela muitos grupos de ativismo se interligaram pelo mundo. A ideia de que *a revolução não será televisionada* ganhou força e parecia concretizável. Não que já não seja, mas talvez não tenhamos levado em conta dois aspectos: a ocupação da Internet pelas mesmas aglomerações corporativas que já controlavam os meios convencionais, transformando-a numa mera extensão deles, e a incapacidade do povo de desenvolver uma verdadeira rede de informação baseada na ética jornalística. Hoje a

177

Internet está a serviço da mentira, da publicidade e do isolamento. Precisará ser reinventada ou talvez superada.

## Estado policial

(Setembro de 2016)

Além de nunca ter tentado desmilitarizar a polícia, o PT já fez uso da sua brutalidade. Lembro-me de colegas petistas – que estão agora indignados com a PM de São Paulo – aplaudindo e celebrando efusivamente a violência policial contra manifestantes em 2013 e 2014, quando lhes era conveniente criminalizar os protestos. Agora o papel se inverte, mas eu não esqueço de ler e ouvir inclusive pessoas próximas vibrando com o espancamento de *vagabundos* numa amostra violenta de Estado policial que o PT empreendeu quando os movimentos sociais independentes reivindicaram a rua.

Que isto seja cobrado quando o PT for obrigado a fazer a sua necessária autocrítica, se é que a fará. Desconfio muito que o seu total aparelhamento dentro da política tradicional garanta a honestidade necessária para reconhecer seus erros suas mentiras. Os golpistas utilizam-se igualmente do Estado policial e eles precisam ser denunciados. Mas o PT que não tente manobrar a narrativa da brutalidade policial em seu favor.

## Imprensa *chapa-branca*

(Setembro de 2016)

A direita brasileira tem a mania de acusar movimentos sociais de apoio a corruptos. Balela! Mas essa mesma direita golpista está ao lado de *criminosos* ao manifestar apoio à Polícia Militar, a maior organização criminosa e assassina do Brasil. Ontem, em São Paulo, 27 pessoas foram presas e estiveram inacessíveis para seus advogados durante toda a noite, após uma ação policial violenta contra uma manifestação que já havia acabado.

Se fosse na Venezuela, choveriam denúncias apaixonantes e solidárias contra a brutalidade policial. Como é no Brasil, não dizem *nada* e quando dizem é para culpar os manifestantes. A Globo não fez cobertura dos inúmeros protestos anti-GOLPE que ocorreram ontem por todo o Brasil. Teve imprensa golpista mostrando (Fora) Temer na China comprando sapato de luxo para tentar criar um clima de normalização. Jornalismo de oposição é algo raro na história da imprensa corporativa brasileira. Retirando os últimos 12 anos e talvez um ou outro momento específico do século passado, ele sempre foi governista. *Chapa-branca*, como se costuma dizer.

A imprensa brasileira sempre esteve atrelada ao poder político e os grandes aglomerados atuais de mídia se formaram graças ao *apadrinhamento* da classe governista que, aliás, controla vários órgãos. O exemplo da troca de favores entre a Globo e a ditadura militar é clássico, mas não é o único.

Desde o dia 13 de Maio podemos dizer que a imprensa corporativa brasileira voltou à sua normalidade. As manchetes sedativas e *reconciliadoras* começam a pipocar. A revista Isto É homenageou o golpista Temer com a distinção *Brasileiro do Ano*, pese embora sua popularidade seja irrisória e talvez a pior da história.

Daqui a dois dias é 7 de Setembro e espero que as ruas não permitam normalização alguma. GOLPISTAS serão sempre GOLPISTAS!

## O Homem cordial

(Setembro de 2016)

O que tenho para dizer em todos os 7 de Setembro é que os povos brasileiros não são independentes, nunca o foram, e se depender de muitos patriotas cheios de apetrechos auriverdes nunca o serão. Que essa data é uma cafona e até burlesca esbórnia militarista e a polícia da *ordem* dos militares é assassina e profundamente antidemocrática; é a maior organização criminosa do país, de longe, cheia de psicopatas. Que o mito fundador, *Iracema*, não é uma ameríndia esbelta das florestas amazônicas – devastadas pelo agronegócio do *progresso* –, mas um anagrama da América que também se estende aos povos sulinos vizinhos, para os quais os brasileiros costumam virar as costas ou tratar com desdém do alto do pedestal da boçalidade. Que o tal *homem cordial* é a máscara no rosto da violência e da intolerância.

Não tenho nenhum orgulho de ser brasileiro, como igualmente não teria se fosse de qualquer outro país, incluindo Portugal, cujo passado imperialista de *absurdos gloriosos* deveria era envergonhar a qualquer um que conduza o pensamento à luz da ética atual, pelo menos.

182

# Fábula da mosca

(Setembro de 2016)

Devemos ter vergonha dos nossos sentimentos? E mais: devemos ter vergonha das nossas falhas, fraquezas e mesmo da nossa ingenuidade? Devemos ter vergonha das nossas ilusões? Faço-lhes tais perguntas porque observo um pouco por todos os lados o desprezo pela sensibilidade do espírito humano e pelas pequenas coisas da vida. Estamos todos tão ocupados apetrechando o próprio ego, num mundo que se atualiza vertiginosamente e nos obriga a reluzir uma felicidade tão duvidosa quanto o sentido dessa jornada supersônica à desumanização, que nos esquecemos de que somos, cada um de nós, amostras amontoadas da mais insignificante poeira cósmica. Visto de Saturno, o nosso planeta é um pixel empalidecido no escuro vazio do espaço, como diria Carl Sagan, e nenhuma das nossas transformações à superfície, nem mesmo as mais megalômanas, pode ser vista. Isso evidencia a nossa insignificância no espaço e ela é bem elucidativa. Mas talvez ainda mais desoladora seja a nossa insignificância no tempo. Há umas semanas, como grande entusiasta de fotografia que sou, dirigi-me a uma loja de material fotográfico antigo chamada *Máquina de Outros Tempos* e adquiri uma lente analógica de 28 milímetros para a minha moderna câmera digital – embora já totalmente ultrapassada por inúmeros novos modelos. Foi-me oferecido pelo dono da loja um jogo de três tubos de extensão que se interligam formando apenas um, além de um teleconversor com fator de ampliação de 2x. Logo elaborei uma montagem desses novos brinquedos que me proporcionou uma razoável condição de macrofotografia. Nada ainda ao nível dos profissionais que utilizam materiais dispendiosos para os meus bolsos. Apenas uma geringonça de pobre, um improviso do que está ao alcance da minha realidade financeira. O grande problema dos meus improvisados experimentos de macrofotografia tem sido a parca profundidade de campo. De fato ela é de literalmente um único milímetro. Talvez até menos. No entanto, consegui dois resultados moderadamente satisfatórios que me chamaram a atenção para a maravilhosa diversidade que é o mundo à escala das pequenas criaturas que tanto desprezamos, como moscas e formigas – não incluo as aranhas porque, em virtude da minha aracnofobia, ainda não consegui fotografá-las. A sua observação é uma providencial aula de humildade. Através da macrofotografia ponho-me em pé de igualdade com os insetos e com eles estabeleço diálogos decerto imaginários, porém deveras realistas se considerarmos a nossa condição no cosmos. Quando fotografei a primeira mosca, ela, rabugenta, disse-me: *"eu vivo apenas quatro semanas na sua escala humana de tempo. Porém, voo triunfante quando me recordo de que além de não saberem voar, vocês, humanos, vivem ridículos 0,16 segundos na escala cósmica. Portanto, e por mais que me desdenhem, a significância temporal que têm para o Universo é precisamente 2.419.200 menor do que a minha para vocês. Lembrem-se disso quando fizerem aqueles autorretratos vaidosos em frente ao espelho ou quando se destratarem uns aos outros em função de vaidades delirantes".* E então voou, para o infinito, sabendo, indiferente, que sua imagem seria eternizada na limitada noção humana de eternidade. Senti-me pequeno. A dose de humildade oferecida pela diversidade do mundo à escala macro é o antídoto da embriaguez chauvinista da humanidade, porque a noção de insignificância pode ser o nosso recondutor à plenitude da vida. Aquela bela mosca fantasiada com riscas aurinegras como se fosse atleta do Peñãrol me transmitiu conhecimentos que nenhum dos meus trocentos dias passados dentro de salas universitárias me poderia transmitir. Aquele era um conhecimento tão revelador que me reuniu verdadeiramente ao cosmos e me afastou consideravelmente da habitual mesquinhez mundana.

## Seja anarquista mas não seja burro

(Setembro de 2016)

Minha esperança nas ideias libertárias permanece intacta, mas quando vejo anarquistas indiferentes ao golpe não apenas contra o governo Dilma, mas contra o Estado de Direito brasileiro, lembro-me de que em boa parte são também privilegiados e acadêmicos cheios de teorias do século XIX, sem sentir na pele as políticas neoliberais e muito pouco vividos nos ambientes periféricos.

Para quem vive de teorias não há grande diferença entre Dilma ou Temer, mas para quem vive a realidade de pertencer a um grupo social historicamente estigmatizado pode fazer toda a diferença, porque, gostemos ou não do PT, ele conseguiu desenvolver um tímido mas ainda assim importante e necessário *Welfare State*.

Em termos sociais, foi o melhor governo da história do Brasil.

Não estou com nenhum partido político e antes de estar ao lado de alguma ideologia estou é ao lado do povo das periferias, dos negros, das mulheres, dos *gays*, dos nordestinos, dos sem terra e sem teto, dos indígenas e dos pequenos produtores do campo e das cidades. Isto não é uma mera questão partidária. Ela exista, sim, devido à ferrugem dos conchavos dos corredores de Brasília. Mas essa ferrugem é apenas a ponta do iceberg de algo muito mais profundo, que é o conflito de classes. Pouco importa uma visão de esquerda se ela não está efetivamente ao lado dos periféricos, dos povos marginalizados e usurpados. Pouco importam as ideias libertárias se elas são apenas um capricho de salão, uma masturbação intelectual. Há até *anarquistas* de direita, que são um bando de *playboys* que defendem as oligarquias financeiras. O mais fétido dos lixos.

Estar indiferente ao golpe em nome de uma postura apartidária é abster-se da responsabilidade histórica e é uma espécie de traição.

Existe uma clara guerra de classes no Brasil.

De um lado estão os magnatas, os conglomerados empresariais, a fisiologia política, a imprensa corporativa e os *playboys* da nova militância elitista, todos muito bem colocados na sociedade. Do outro lado estão os povos periféricos, em grande parte despolitizados e ausentes do debate político, cheios de contradições. Mas são a maioria e os primeiros a sentir o peso do *darwinismo* social.

É ao lado deles que estou. E é por isso que reconheço a urgência de resistir aos golpistas e criar instabilidade social. O Brasil é o país mais politicamente interessante do mundo na atualidade justamente em virtude de uma guerra de classes escancarada.

As elites resgataram o fascismo.

Você pode ser o maior anarquista anti-Estado, mas o seu silêncio é cumplicidade.

## Sobre a ignorância

(Outubro de 2016)

O grande dilema existencialista dos pensadores:

O compromisso com a consciência seria realmente superior à felicidade, ao bem-estar pessoal? Sim. Mas este sim não será, por sua vez, mais uma manifestação de esperança e responsabilidade do que uma afirmação convicta?

Será mesmo genuína a felicidade na celebração da ignorância, a despeito de ser uma *bênção*?

**Da série *George Orwell debate-se no túmulo***

(Outubro de 2016)

A ignorância de Jô Soares, o *intelectual*, numa *entrevista* – só ele fala – é constrangedora. Ele não só ignora totalmente o assunto em questão, como também ignora o que significa ser um pesquisador acadêmico.

E também ignora que numa entrevista o entrevistado deve falar mais que o entrevistador e que a este está reservado o *dever de casa*.

Perdeu-se uma bela oportunidade para esclarecer o público sobre o que é de fato o *Black Bloc*.

(Nunca na história desta galáxia um *black bloc* utilizou uma suástica).

Aliás, é disso que precisamos no Brasil atualmente: uma esquerda que pare de chorar e vá para a rua quebrar os bancos e as sedes dos golpistas que, através de um governo ILEGÍTIMO, não para de promover retrocessos, como a PEC 241, que congela o investimento público por 20 anos.

## Eleições 2016

(Outubro de 2016)

Não fiz comentários aos resultados das eleições municipais no Brasil talvez em função do receio de cair num discurso repetitivo patético. No entanto, estava lendo *O Mundo Assombrado Pelos Demônios*, de Carl Sagan – de 1995 (!) –, quando deparou-se-me um trecho que, apesar de tão antigo e de fazer referência a uma realidade dos EUA, pode substituir qualquer emaranhado de palavras de lamento acerca dos rumos da sociedade brasileira atual e do discernimento do público em relação à sua atmosfera política. É um trecho comprido para os padrões de publicações nas redes sociais, mas serão uns minutos elucidativos:

*"Tenho um pressentimento sobre a América do Norte dos tempos de meus filhos ou de meus netos – quando os Estados Unidos serão uma economia de serviços e informações; quando quase todas as principais indústrias manufatureiras terão fugido para outros países; quando tremendos poderes tecnológicos estarão nas mãos de uns poucos, e nenhum representante do interesse público poderá sequer compreender do que se trata; quando as pessoas terão perdido a capacidade de estabelecer seus*

*próprios compromissos ou questionar compreensivelmente os das autoridades; quando, agarrando os cristais e consultando nervosamente os horóscopos, com as nossas faculdades críticas em decadência, incapazes de distinguir entre o que nos dá prazer e o que é verdade, voltaremos a escorregar, quase sem notar, para a superstição e a escuridão.*

*O emburrecimento da América do Norte é muito evidente no lento declínio do conteúdo substantivo nos tão influentes meios de comunicação, nos trinta segundos de informações que fazem furor (que agora já são dez segundos ou menos), na programação de padrão nivelado por baixo, na apresentação crédula da pseudociência e da superstição, mas especialmente numa espécie de CELEBRAÇÃO DA IGNORÂNCIA. No momento em que escrevo, o video mais alugado na América do Norte é o filme Dumb and Dumber [Débi e Lóide]. Beavis and Butthead continuam populares (e influentes) entre os jovens que veem televisão. A lição clara é que estudar e aprender – e não se trata apenas de ciência, mas de tudo o mais – é evitável, até indesejável.*

*Nós criamos uma civilização global em que os elementos mais cruciais – o transporte, as comunicações e todas as outras indústrias, a agricultura, a medicina, a educação, o entretenimento, a proteção ao meio ambiente e até a importante instituição democrática do voto – dependem profundamente da ciência e da tecnologia. Também criamos uma ordem em que quase ninguém compreende a ciência e a tecnologia. É uma receita para o desastre. Podemos escapar ilesos por algum tempo, porém mais cedo ou mais tarde essa mistura inflamável de ignorância e poder vai explodir na nossa cara.*

*A Candle in the Dark é o título de um livro corajoso, baseado em grande parte na Bíblia, escrito por Thomas Ady e publicado em Londres em 1656, que ataca a caça às bruxas, então na ordem do dia, tachando-a de fraude para enganar o povo. Qualquer doença ou tempestade, qualquer coisa fora do comum, era atribuída à bruxaria. As bruxas devem existir, escreveu Ady, citando a argumentação dos "negociantes de bruxas", "do contrário como é que essas coisas existem ou vêm a acontecer?". Durante grande parte de nossa história tínhamos tanto medo do mundo exterior, com seus perigos imprevisíveis, que aceitávamos de bom grado qualquer coisa que prometesse suavizar ou atenuar o terror por meio de explicações. A ciência é uma tentativa, em grande parte bem-sucedida, de compreender o mundo, de controlar as coisas, de ter domínio sobre nós mesmos, de seguir um rumo seguro. A microbiologia e a meteorologia explicam hoje o que há alguns séculos era considerado causa suficiente para queimar mulheres na fogueira.*

*Ady também alertava para o perigo de as nações perecerem por falta de conhecimento. Com frequência, a desgraça humana evitável é causada menos pela estupidez do que pela ignorância, sobretudo pela nossa ignorância sobre nós mesmos. Minha preocupação é que, especialmente com a proximidade do fim do milênio, a pseudociência e a superstição parecerão mais sedutoras a cada novo ano, o canto de sereia do irracional mais sonoro e atraente. Onde o escutamos antes? Sempre que nossos preconceitos étnicos ou nacionais são despertados, nos tempos de escassez, em meio a desafios à autoestima ou à coragem nacional, quando sofremos com nosso diminuto lugar e finalidade no Cosmos, ou quando o fanatismo ferve ao nosso redor – então, hábitos de pensamento conhecidos de eras passadas procuram se apoderar dos controles.*

*A chama da vela escorre. Seu pequeno lago de luz tremula. A escuridão se avoluma. Os demônios começam a se agitar".*

## Síndrome de Estocolmo

(Outubro de 2016)

*"Quando você estiver sentindo que é um idiota, lembre-se desse sujeito"*, diria um meme muito bem adequado.

Desenhando: Fernando Holiday é um homossexual negro – que também se vende como *pobre da periferia* –, que luta *contra* a dignidade dos gays, dos negros e dos pobres em nome de um dogma econômico barato das elites tradicionais (brancas) que o manejam feito marioneta portadora de Síndrome de Estocolmo.

É fácil compreender o drama: nada melhor para essas elites tradicionais – que agora encontram na esteira do golpe um ambiente propício para atacar ferozmente as recentes conquistas inerentes aos direitos sociais e individuais – do que utilizar a figura de um sujeito que se apresenta como elemento vitorioso e não *vitimista* dos grupos sociais que elas sempre estigmatizaram.

Nessa estratégia há, pelo menos, um par de falácias:

1) Apelo à Autoridade: o fato de ser homossexual, negro e pobre provaria que ele é o real representante desses grupos

e que as lutas a eles atribuídas são fraudulentas e não passam de vitimismo, além de que a meritocracia de fato existe.

2) Evidência Anedótica: reforça-se a utilização de exemplos pontuais, insignificantes, pouco representativos e geralmente anedóticos que induzem generalizações ("*eu ouvi dizer...*" ou "*o primo do cunhado de um amigo...*").

Fernando Holiday, sempre raivoso e implacável na sua luta contra a esquerda, não percebe que é utilizado fartamente em função das suas características étnicas, sexuais e sociais. Por inferência – guardadas as devidas proporções –, nos campos de concentração os nazistas concediam certa autoridade a alguns judeus (*kapos*) sobre os demais para que os policiassem e reprimissem.

Para os que pretendem manter a ordem tradicional da sociedade brasileira – e o MBL é formado por meros *playboys* juvenis sem qualquer base social efetiva –, não há nada melhor do que ter ao seu lado (como elementos cujas imagens sejam facilmente exploradas) negros sem consciência histórica, homossexuais anti-LGBTs e pobres boçais sem consciência de classe. Utilizá-los-ão como argumentos falaciosos e, lamentavelmente, como escudos descartáveis e *idiotas úteis*.

O indivíduo Fernando Holiday é irrelevante. Ele apenas preteriu a luta do seu povo em troca de um espaço de aceitação dentro da elite tradicional – essa sim bem classista – fabricante de dogmas neoliberais. A importância de esmiuçarmos sociologicamente este caso existe por ele ser representativo de toda a atual conjuntura política e socioeconômica do Brasil.

Mais do que um caso de Síndrome de Estocolmo, eis o retrato de uma nação autofágica.

## BraZileiro

(Outubro de 2016)

No divertido texto *O Brazileiro* – com *z* mesmo –, de 1872, Eça de Queiroz afirmou que o brasileiro seria o português dilatado pelo calor e o próprio Brasil seria também um Portugal desabrochado pela diversidade e cheio de futuro.

Imagino se ele hoje não diria, perante tal cenário, que o brasileiro é o português comprimido e que o Brasil é um Portugal apequenado pelo obscurantismo conservador, rumando ao passado.

Como residente em Portugal, sempre ponho-me a comparar os dois países. É um tarefa interessante, considerando que no Brasil ainda existe a ideia de Portugal como um país tradicionalista e marcadamente tacanho. Eu próprio, antes de atravessar o Atlântico, tinha essa ideia, mesmo tendo crescido numa família portuguesa. Não obstante a clara existência de elementos reconhecidamente retrógrados na fisionomia do país, tal ideia se sustenta parcamente a partir de preconceitos e nada mais. Na realidade, comparado com Portugal, o Brasil é que tem apresentado essas características anacrônicas. A sociedade portuguesa evoluiu de tal forma que em algumas questões, como o aborto e o casamento homossexual, atingiu mesmo a vanguarda mundial enquanto o Brasil se debate por um consenso ainda distante de ser alcançado em matéria de reconhecimento legal pelos direitos individuais. É certo que o casamento homossexual também passou a ser assegurado pelos cartórios brasileiros, mas o conservadorismo da sociedade ainda é um entrave à sua efetiva normalização, enquanto a legalização do aborto continua sendo uma miragem. Portugal une-se à maior parte da Europa na secularização da sua sociedade, já tendo eliminado a influência da doutrina cristã da vida quotidiana dos cidadãos. Já o Brasil aventura-se na contramão do avanço, movido pelo combustível evangélico dos últimos vinte ou trinta anos e do seu já velho conservadorismo difuso assente num patriarcado que atravessou quase imaculado o século passado. Na Europa, apenas a solitária Polônia – extremamente católica – o segue nessa jornada ao obscurantismo.

## A Metáfora da Caixa de Bombom e a autoprojeção na imagem do inimigo

(Outubro de 2016)

Acusar pessoas de serem doutrinadas é a nova moda da brutalidade do pensamento binário que a polarização ideológica introduziu no lugar do que deveria ser o debate político equilibrado e consubstanciado no Brasil.

Influenciados por um naipe de *pensadores* brutamontes sem sensibilidade filosófica, escoados diretamente do esgoto das elites higienistas, hordas de celeumáticos descapacitados de discernimento passaram a utilizar o referido *ad hominem* para descredibilizar qualquer pessoa minimamente identificada com a esquerda, com o socialismo – não que indivíduos desse lado não hajam de igual modo, mas a tendência vem dos palpitantes antros de esquerdofobia patológica, que se utilizam dessa tática suja sempre como uma espécie de grande sacada, um coelho retirado da cartola.

Não há tolerância. Não há a aceitação da probabilidade de pensamento independente. Esses indivíduos, autopromovidos ao pedestal da boçalidade, arraigados ao pedantismo e ao orgulho da perniciosidade, reduzem seus oponentes a marionetas, projetando neles a sua própria condição.

Sim, porque é cada vez mais evidente que um exército moribundo fortemente munido de ódio implacável tem sido ideologicamente doutrinado para metralhar a honra, a dignidade e a consciência de todos os que se enquadram num espantalho de Judas.

Os soldados arregimentados desse aparato reacionário deveriam questionar onde, quando e como começaram a disparar o termo *doutrinação esquerdista* e deveriam aprender um simples esquema de raciocínio chamado *metáfora da caixa de bombom* – criada pelo *vlogger* Clarion de Laffalot –, tão importante para qualquer esboço de concertação política.

A *metáfora da caixa de bombom*, apesar da expressão pouco formal, é extremamente útil para o ajuste das percepções e para, na atual conjuntura brasileira, evitarmos a armadilha reducionista da polarização que canaliza o ódio. Em suma, ela explica que perante duas caixas de marcas distintas (a A e a B, por exemplo), com cada uma contendo uma diversificada quantidade de bombons distinta uma da outra, não é correto – ou ao menos producente – escolhermos a caixa A em total detrimento da B (ou o contrário) apenas por esta ter um ou mesmo alguns bombons desagradáveis ao paladar, porque os seus outros bombons podem ser saborosos e, ademais, alguns bombons da caixa escolhida podem ser também desagradáveis.

Imaginemos, portanto, que em vez das caixas temos grupos políticos – partidários ou não – e que no lugar dos bombons temos ideias ou pautas. Não fica difícil entender a aplicabilidade da metáfora. O difícil mesmo é a sua interiorização, porque ela implica que tenhamos connosco um compromisso de honestidade, além de uma certa dose de abnegação face à vontade de a todo o custo aceitarmos como correto aquilo que é errado ou vice-versa.

Com efeito, essas implicações podem ser desastrosas para figuras públicas que sustentam uma imagem perante séquitos sedentos que têm no ódio e na intolerância o combustível que os move na delirante batalha épica contra os monstros fabricados pela sua própria alienação. Por conseguinte, ela é um exercício racional imprescindível para evitar a barbárie e a miséria intelectual, sobretudo num momento em que nos deparamos com o resgate de condutas *macartistas* e de negação da política.

E a negação da política tem um nome: fascismo.

**Somos todos *americanos***

(Novembro de 2016)

Eis que acordo com uma choradeira lamentando com discursos sorumbáticos a vitória de Trump nas eleições presidenciais da *América* – quem chama o país pelo nome do continente já perde parte da credibilidade. É muito conveniente projetarmos no estadunidense médio todos os nossos próprios defeitos como uma forma de escamoteá-los, não? Pipocam explicações segundo as quais o baixo QI dos *yankees* é o único responsável pela desgraça, como se estivéssemos entorpecidos por uma ideia quixotesca da nossa própria realidade e como se pudéssemos reduzir os EUA a uma massa monolítica, uniforme, ignorando a sua complexidade e as distintas tendências políticas e ideológicas inerentes à sua diversificada composição étnica e social.

Ora, apesar de ser excruciante o êxito de Trump, o comportamento eleitoral dos estadunidenses não é assim tão diferente do comportamento dos *iluminados* europeus ou de outros povos, incluindo os brasileiros. Olhando para a história recente do *velho continente*, o que dizer de Berlusconi, chefe do governo na Itália por três vezes em década e meia? E das motivações do *Brexit*? E da ascensão em diversas partes do populismo xenófobo da extrema-direita? Da consolidação que o *Front National* obteve na França? E Hungria? E Áustria? E o ultraconservadorismo medieval da Polônia? E Portugal, que em dez anos conseguiu a *proeza* de levar uma figura como Paulo Portas e seu partideco de *playboys* higienistas ao Executivo por nada menos que três vezes, sempre coligado ao *parceiraço* PSD? Olhando pela Europa, vemos tantos exemplos soturnos, absolutamente bizarros. Mas também vemos diversas tendências ao bipartidarismo, ao parasitismo dos partidos ditos *tradicionais*.

Se analisarmos o Brasil, então... É a desgraça total! Há uma extraordinária proliferação de filisteus caricatos que não perdem de Trump em anacronismo e perniciosidade. Jair Bolsonaro, o aspirante mór ao posto de Trump brasileiro, já manifestou seu otimismo de que o exemplo dos EUA será seguido na *Pindorama*. A esta altura do campeonato, alguém acha impossível? Alguém estará disposto a pôr a mão no fogo pela consciência política dos brasileiros? Como os simpatizantes de Bolsonaro poderão ser convencidos a deixar de o apoiar, quando tendencialmente negam à política, isto é, ao debate submetido ao raciocínio estruturado na sobriedade e na observação cuidadosa? Quanto mais demonstramos o equívoco que é apoiar figuras como Bolsonaro e o enorme perigo que ele representa, mais seus apoiantes recorrem imediatamente à falsa dicotomia para, inflexíveis, reforçarem ainda mais a convicção no *mito,* denotando preguiça, boçalidade e orgulho da própria maldade. A iminência da ascensão de figuras personalistas demagogas como Bolsonaro não pode ser desdenhada, e é preciso considerar que os estragos feitos por gente dessa laia poderá ser maior no Brasil do que na Europa ou nos EUA em virtude das ainda frágeis instituições da política brasileira que recendem suspeição.

Um pouco por todos os lados, e apesar da reconfortante fuga às responsabilidades, a verdade é que na maioria dos casos quem critica a generalidade dos estadunidenses está rejeitando a própria autocrítica, eximindo-se pela tangente. Eles votam através de um sistema mais arraigadamente bipartidário, mas não tão distinto assim. Dando o exemplo de uma realidade com a qual há anos convivo, desde o fim da ditadura salazarista em Portugal apenas dois partidos – um PS com D e outro sem D – venceram as eleições legislativas. O mesmo acontece há trinta e cinco anos na Espanha. O resultado é um marasmo de ideias amplamente celebrado pelas elites políticas. Tal marasmo tem feito a moderação mais estéril tomar conta dos dois países – embora menos marcante no caso espanhol –

alongando suas sociedades num aparente presente eterno sem vislumbre de mudanças reais. Uma paz de cemitério, por assim dizer. Por outro lado, a rutura com esse marasmo não poderá significar um deterioramento da política. Ao menos não é esse o desejo. Mas como tem acontecido noutras partes da Europa, não dá para não imaginar uma figura populista açambarcando o coração de eleitores apolíticos convencidos por discursos simplistas e agressivos. Na minha perspectiva, ambos os cenários, o do marasmo e o da histeria populista, são lamentáveis e precisam ser superados. Mas a revitalização da política não acontecerá sem a efetiva participação popular. E é justamente a indiferença à filosofia política que se configura entrave a essa revitalização. Infelizmente, as pessoas deixam seus destinos serem conduzidos pela classe dos *responsáveis representantes* porque foram por ela convencidas de que a política não lhes diz respeito, sobretudo quando já têm de se preocupar com suas vidas afundadas em contas para pagar.

Se olharmos a outros países do tão celebrado *ocidente*, o cenário é semelhante. Em todos há uma espécie de dinastia da conjurada família dos políticos fisiológicos que se revezam consoante nosso comportamento eleitoral bipartidário. Quanto muito tripartidário. Quando da languidez surge a via da negação à política como alternativa a ela, brotam-se os personalismos e séquitos de moribundos politicamente analfabetos se aprumam no cortejo de Trumps, como se a negação à política fosse uma forma construtiva e eficaz de protesto contra a própria política viciosa. A Europa construiu nisso um vasto currículo, aliás.

Dando um salto sobre o Atlântico, o que dizer, portanto, da possível intenção de Lula em ser novamente presidente? E todos os coronelismos, apadrinhamentos, clientelismos e mesmo dinastias que desde sempre regem certos estados brasileiros, especialmente no Nordeste? E Maduro, na Venezuela, aquele imbecil que nem o carisma populista de Chávez consegue ter? Ou, regressando à Europa, que apreciação fazemos das políticas neoliberais dos *socialistas* franceses? Saindo um pouco da esfera *ocidental*, como travar os anseios tirânicos de Putin, ex-KGB e possivelmente um dos homens mais ricos da Europa, que entre *Kremlin* e *Byely Dom* tem conseguido governar a *Mãe* Rússia ininterruptamente desde 1999? O que nos impossibilita de uma dinâmica política que não se emaranhe ou na fisiologia parasitária ou no personalismo populista? Não será a catarse eleitoral de quem dança na cantiga populista e demagoga um sintoma de desequilíbrio emocional (provocado por todo o tido de situações, incluindo a própria exclusão) e de profundas lacunas intelectuais de quem não consegue discernir a concertação social?

Portanto, parece-me razoável afirmar que havendo - não que não haja - um Trump em nossos países tão *esclarecidos*, ele teria também reais chances de vencer as eleições. Caso isso acontecesse - como já aconteceu - não faríamos autocrítica e se os estadunidenses nos viessem queixar ou lamentar em tom jocoso nós os trataríamos com a mesma intransigência e a mesma boçalidade que neles habitualmente identificamos.

Em todos os países, as grandes massas populacionais estão à deriva, movem-se consoante influências que lhes são impingidas por máquinas de propaganda. Os EUA são um país governado pelo sistema financeiro. A Europa não é diferente. Suas máquinas de propaganda pertencem-no. Todos sentimos, lá no fundo, que essa conversa de *democracia representativa* é uma homérica balela. Assim como o poder político, a comunicação e a informação estão concentradas num pequeno punhado de grandes corporações. Com a exceção de pequenos redutos de resistência ao domínio cultural desse poder privado, todos os povos diariamente o consentem e esforçam-se, sem muito sucesso, para estar convencidos de que têm algum domínio sobre seus destinos. Agarram-se romanticamente à inócua ilusão do voto, mas sabem que quem manda mesmo é o dinheiro, inclusive na formatação de candidatos, porque só candidaturas milionárias têm alguma chance de disputar alguma coisa relevante.

Se os estadunidenses são assim tão mais burros, por que nós, *inteligentíssimos*, não paramos de consumir cegamente seus produtos culturais enlatados? Amamos seus filmes explosivos e rasos, suas séries repletas de tramoias hipnotizantes e sua música poluente em detrimento da nossa criação local. Amamos sua comida de plástico por ser rápida e ajustar-se bem ao nosso vertiginoso estilo de vida – que é na verdade imposto por eles – que nos transforma numa delirante seita de culto ao *crescimento* e à *produtividade*.

(Foi amplamente *viralizado* o video de um concerto da banda U2 no México, no qual o vocalista *ativista* Bono acusa Trump de atentar contra todos os povos que amam o *ideal americano*. Que Bono não passe de um *pop star* hipócrita metido a filantropo não há dúvidas, mas utilizar o *ideal americano* como argumento contra uma figura que, se representa alguma coisa, é o próprio *ideal americano*, foi o fundo do poço da idiotice. Para mim esse *ideal* é a coisa mais asquerosa que existe. E não é por ser *americano*. De fato poderia ser de qualquer outra proveniência, É pelo que ele representa efetivamente neste mundo contaminado pelo consumismo e pelo darwinismo social.)

Por conseguinte, se julgamos os estadunidenses tão asquerosos e egocêntricos, por que continuamos querendo ser, viver, agir e consumir como eles? Por que avalizamos seu poder no mundo? Por que, simplesmente, não lhes espezinhamos o expansionismo? Ou por que não tentamos estabelecer efetivamente um novo arranjo geopolítico mais equilibrado que remova o elemento *americocêntrico*?

Parece que no fundo até gostamos deles. Ou pior: parece que somos iguais a eles.

Eles nos refletem funestamente porque neles projetamos a nossa própria condição.

## Esgoto virtual

(Dezembro de 2016)

A AICI (Associação Internacional dos Comentadores de Internet) informa orgulhosamente que vários níveis de imbecilidade humana têm sido superados amplamente nos últimos anos e reconhece sobretudo o esforço da sua afiliada no Brasil, a ABCI (Associação Brasileira dos Comentadores de Internet), em desenvolver intoxicação a partir da destilação de ódio.

## Quem elegeu Trump...

(Dezembro de 2016)

...foi a negação da política.

Uma negação que torna o povo vulnerável a discursos demagogos e populistas.

Foi a superficialidade e a intolerância. Foi o orgulho da ignorância. Foi o provincianismo. Foi a arrogância de quem se nega a pensar e exige que lhe deem respostas imediatas e simplistas para problemas complexos.

O que elege Trump é a mesma mediocridade intelectual que elegeu Hitler. A mesma que pretende eleger Bolsonaro no Brasil, que vibra com *chacina de bem*, diz que *bandido bom é bandido morto* e acha que o machismo é divertido.

A que fez o Brexit vingar.

Ou a que transformou a Polônia numa semiditadura nacional-cristã e que mantém a sombra de Le Pen à espreita na França.

Quem elegeu Trump, portanto, foram os discursos de ódio, o conservadorismo, o nacionalismo. Foi o medo da mudança – só um analfabeto político pode achar que o discurso de Trump representa algum tipo de alternativa.

Negar o mainstream político, as figuras fisiológicas, não significa negar a política em favor de supostos novos heróis, de personificações. Negar o mainstream político é negar toda uma engrenagem social, política e econômica que só se reforça com Trumps e Bolsonaros.

Quem elegeu Trump foi uma direita que sempre se esforçou para ridicularizar o ativismo político alternativo e sempre difamou os movimentos sociais. Foram os papagaios das redes sociais que criam o seu pensamento por meio de memes. Foi um viciado sistema eleitoral totalmente favorável à plutocracia, ao qual chamam cinicamente de *democrático*.

Quando as pessoas se negam a pensar e a dinamizar a concertação política para preguiçosamente se deixarem levar por individualidades demagogas fabricadas justamente para ecoar discursos rasteiros que caem muito bem a quem se satisfaz com a mediocridade da normalidade e do lugar-comum, surgem os Trumps. No Brasil não surgiu apenas Bolsonaro. Surgiu o MBL, os

Revoltados Online. Surgiu toda uma safra plantada pela negação da política. O primeiro passo para combater essa negação é a autocrítica, mas vivemos um período de polarização em que reconhecer erros é visto como sinal de fraqueza.

O segundo passo é a honestidade. No entanto, vivemos um momento de velocidade supersônica da (des)informação em que tudo vale para derrotar o inimigo.

O terceiro passo é a perseverança numa época em que todos parecem satisfeitos com clichês e discursos empacotados e qualquer coisa mais complexa que manchetes e rodapés é demasiado dispendioso para merecer atenção.

Por sua vez, a negação da política é o primeiro passo para o fascismo.

## Qualquer coisa é mais bela que uma parede cinza

(Janeiro de 2017)

Cidade que me pariu, mas que nunca me exauriu. A maior do hemisfério; seu tamanho é deletério. A cidade da garoa e do submundo. Centro da alta finança, calvário do sujismundo. Produto urbano do desenvolvimentismo. Antítese do humanismo. Engrenagem por excelência da santíssima trindade do delírio mercadológico: Trabalho, Consumo e Produtividade. A cidade que não para e que não dorme. A cidade supersônica. A cidade que implode. De uma velha vanguarda tão tacanha e anacrônica. A cidade concreta: tão líquida. A cidade discreta que se autodecreta. Urbe brutal que impiedosamente esmaga, hospedeira dos parasitas da alta nata.

Motor de um modelo falido, esconderijo de subversivos. Os negócios nefastos, a arte rebelde: capital da ação e da reação. Cidade de tantos mundos e de tantos muros: painéis de cimento subvertidos que reluzem vida em cores grafitadas. Murais desalmados por prefeitos engomados. A cidade do chauvinismo e da diversidade. A cidade de contrastes, a cidade da vaidade. A selva de concreto, do homem primata do capitalismo selvagem. A cidade dos guetos sociais, dos nichos culturais, das tribos urbanas,

215

das mentes profanas. Do sonho mundano, de beltrano e cicrano. A cidade acinzentada pelo capricho de barões que não sentem sua vivência mas esbanjam seus brasões. O cinzento de muralhas tão elucidativo: o funcionalismo de uma urbe que é o seu paliativo. Funcionários funcionais: a caducidade da vida em rotinas tão banais que são zona de conforto desse vício tão mordaz de viver numa cidade que combate o que apraz. Santa produtividade que nunca é assaz na religião das catedrais, do mercado voraz.

São Paulo, que é meu berço, também é minha maldição: imponente e venenosa, se ergue em contradição. É o antídoto do veneno do seu próprio ferrão. São Paulo que se rebela, mas que sempre passa a vez; gigante que é presa fácil quando reina a pequenez. Província megalópole; provincianos megalômanos. Estirpe urbana tacanha; tanta gíria e pouca manha.

Decerto que pariu filho que lhe preteriu: não sou herdeiro, não quero o seu trono. Vendida que está a infames patronos, da tua decadência não me desmorono.

## Mick Jagger e o maior *mico* da imprensa golpista

(Janeiro de 2017)

A única coisa que me espanta é não ter sido a Veja (na sua redação deve ter havido gemidos de lamento por ela não se ter antecipado). Foi da revista Exame a maior demonstração de *chapa-branquismo* descarado e tacanho da história da imprensa brasileira pós-ditadura. Talvez o maior vexame jornalístico de sempre, daqueles que fariam Orwell escrever um livro inteiro *a la* 1984.

Um amigo de Aracaju resolveu bem o dilema: Veja + Exame = Vexame.

A ousadia dos *jornalistas* golpistas é preocupante e sintomático. Julgam-se no direito de veicular mentiras e manipulações totalmente desnudas, sem grandes preocupações de as mascarar. Mas, ao menos dessa vez, se deram mal. Praticamente ninguém engoliu que trabalhar na velhice seja *ótimo*. Ninguém conseguiu fazer um malabarismo intelectual psicodélico para se sentir no lugar de Mick Jagger. A revistinha foi ridicularizada impiedosamente em suas páginas na Internet. Merecia muito mais, porque o que ela fez não foi jornalismo, foi terrorismo desinformativo. Foi uma descarada manobra de

217

manipulação em favor do governo Temer, o que evidentemente não me admira.

Mas mais revoltante é que foi uma forma de humilhar o trabalhador assalariado, desdenhando não apenas da sua capacidade de compreensão das notícias, mas dos seus próprios direitos enquanto cidadão. É bizarro e repugnante comparar o assalariado mal remunerado (leia-se EXPLORADO) a um músico milionário que desenvolve uma função que pelo prazer que lhe dá é muito mais uma diversão do que trabalho na tradicional acepção da palavra. As pessoas envolvidas na afronta jornalística deveriam ser expurgadas para sempre do jornalismo em nome da ética da profissão. Que deixem o jornalismo para pessoas sérias e honestas e arranjem emprego como lambe-botas dos velhacos golpistas em Brasília.

Não é mau jornalismo, é propaganda oficial. Não é segredo que Temer eliminou alguns ministérios de fulcral importância social, impôs a austeridade tão amada pelos neoliberais, e aumentou as verbas para a publicidade para tentar se livrar da imagem de golpista que traiu o próprio partido ao qual estava coligado. Estima-se que só em relação ao Grupo Abril o aumento do repasse para publicidade tenha aumentado mais de 600%. E a Abril é dona de quem mesmo? Da Exame. E de quem mais? Da

Veja. O grupo é de propriedade da família Civita. Seu faturamento supera os R$ 4 bilhões. A imprensa corporativa não existe para transmitir a verdade. Ela existe para lucrar e ter bons arranjos com a classe governista é vital, como a história da própria imprensa brasileira mostra.

Está tudo entre amigos. Reinaldo Azevedo ganha dinheiro público para fazer aqueles discursos odiosos contra os programas sociais. São um bando de parasitas travestidos de jornalistas que ocupam uma função charneira na encenação da democracia: a função de comissários da grande plutocracia. Vendem uma imagem de isenção mas são o que há de mais atrelado a interesses escusos.

Que mais esse exemplo de conluio governista-empresarial-jornalístico contra os direitos do povo não seja esquecido. É para estar sempre em evidência para que essas redações mercenárias percam a influência nefasta que exercem sobre a população brasileira. Em 2012, durante o primeiro mandato de Dilma, a mesma revista Exame havia publicado uma edição cuja capa questionava o excesso de trabalho (*"Precisamos trabalhar tanto?"*) e lamentava a dificuldade cada vez mais agravada de conciliar vida e carreira.

É assim que se faz manipulação e lavagem cerebral. É assim que se reescreve a história, que se recicla a narrativa. É assim que o jornalismo corporativo (que *nunca* foi independente) desenvolve o seu mecanismo distópico *orwelliano* para ludibriar, domesticar, alienar e doutrinar o povo.

## A pior das *pichações* é a publicidade

(Janeiro de 2017)

O lema *Cidade Limpa* do engomado João Dória é *marketing* de mau gosto e a sua perseguição – com todos os ares de acerto de contas – *aos grafiteiros* numa guerra que ele não pode ganhar é o capricho de um *playboy* que confunde a ocupação de um cargo público com autocracia.

É um problema recorrente tanto desses *playboys* que se aventuram na política quanto dos políticos fisiológicos: não compreendem o que é um cargo representativo e julgam-se no direito de moldar a governança segundo seus caprichos tacanhos.

O trono do poder deve ser mesmo aliciante (como não recordar a denúncia certeira de Bakunin?). Quem nele senta deve sentir aquele entusiasmo incontrolável que faz parecer que tudo o que suas mãos tocarem explodirá, como sentiu o coitado do Arthur Dent ao descobrir que seu amor por Fenchurch era correspondido.

Mas comparar o (ainda que fleumático) herói terráqueo desbravador involuntário do universo ao insosso João Dória é um desrespeito enorme a Douglas Adams, até porque Dória é um perfeito *vogon*. Ele não recita poesia regurgitante, mas seu ataque à arte dos *grafiteiros* já demonstra bem o que um sujeito elitista dotado de poder burocrático pode fazer numa cidade real na qual ele não vive.

Mas voltando à breguice da *Cidade Limpa* – um termo que até tem grande coerência se for entendido como *higienismo social* –, é evidente que o recém-empossado prefeito paulistano não está minimamente interessado na harmonia visual da cidade que desgraçadamente o elegeu.

Ora, o sujeito é, ademais, publicitário.

E daí? Bem, fez-me lembrar de um *pequeno* aspecto totalitário da paisagem das cidades: a publicidade desenfreada e parasitária que se espalha feito câncer por cada vez mais cantos conforme a criatividade dos gestores urbanos.

Haverá maior poluição visual de uma cidade que os painéis publicitários? No meio deles, grafites e meras pichações – que de certa forma são uma reivindicação provocativa do espaço público – são apenas detalhes de fundo.

Parece-me elucidativo e sintomático que um publicitário empossado prefeito ataque tão agressivamente a arte urbana em favor das paredes cinzentas. Não me espantará minimamente se em breve essas paredes forem ocupadas com ainda mais painéis publicitários de quem pode pagar para poluir o espaço urbano.

Porque a questão se resume exatamente a isso: quem pode pagar para poluir visualmente a cidade o fará tranquilamente e com todo o apoio de munícipes. Quem não pode, será criminalizado. E ainda haverá aquela trupe de liberalóides maravilhados com tamanha sacada, porque a poluição visual regularizada enche os cofres públicos (aí o sujeito vai lá e gasta uma fortuna para apagar murais de grafite).

No totalitarismo econômico em que vivemos, é normal que a publicidade seja um nicho religiosamente protegido e visto como uma arte e uma genialidade. Na ficção de Douglas Adams, os publicitários estão fatalmente naquela nave tripulada pelo terço inútil da população do planeta Golgafrincham que havia sido programada pelos *Grandes Poetas do Círculo de Arium* para colonizar outro planeta bem distante e insignificante (na verdade para espatifar-se contra ele e nunca mais de lá sair).

Falar em *Cidade Limpa* quando o apelo ao consumismo predatório e alienante polui cada metro quadrado possível só nos faz pensar que o termo é realmente uma referência ao higienismo elitista.

As cidades são ambientes cada vez mais embrutecedores e alienantes. Têm sido selvas totalitárias onde o consumismo e o egoísmo imperam. Os corredores do poder fabricam gestores públicos bem enquadrados nessa lógica. Alguns são mais narcisistas, outros mais burocráticos. Quase nenhum sabe o que é a *cidade real* e quase todos têm uma perspectiva a partir das suas *bolhas*. No final, cumprem o papel de garantir o espaço urbano a quem pode pagar para utilizá-lo, por mais que seja uma utilização perniciosa ou que em nada o enriqueça culturalmente.

A lógica da cidade sequestrada pelos interesses das elites é bem clara:

Quer poluir a cidade? Pague para isso. Sua poluição será chamada de arte e você de empreendedor. Não tem dinheiro para pagar? Sua arte será chamada de poluição e você de criminoso.

A arte popular é relegada à marginalidade. Mas assim ela também se *desdomestica* e se torna desafiante. E é assim mesmo que ela tem de ser: livre, rebelde e perigosa. Tem de questionar, atrapalhar e reivindicar. Tem de desafiar o poder e nunca se atrelar a ele.

Os prefeitos passam e seus caprichos também. A arte é atemporal.

## O Capitalismo dura até acabar o dinheiro dos outros

(Janeiro de 2017)

Como não tem havido uma mobilização nacional para pedir o esquartejamento do *bandido* Eike Batista, fica a pergunta:

Afinal, bandido bom é mesmo bandido morto para a trupe do *vingacionismo* e da Lei de Talião, ou a sentença vale apenas para bandido *pobre* e *excluído*?

Onde está a indignação auriverde e suas panelas e micaretas numa semana em que o outrora tão celebrado homem mais rico do Brasil e sétimo mais rico do mundo – e orgulho dos liberais defensores da *meritocracia hereditária* – é preso e em que as delações da Odebrecht voltaram a comprometer o golpista Temer e a cúpula do PMDB?

O problema é que a grande mídia brasileira não utilizou sua máquina propagandística contra a corrupção dos seus aliados, apenas contra a dos seus históricos desafetos. Dilma e Lula foram transformados em *demônios comunistas* e os velhacos da fisiologia política conservadora seguem parasitando.

226

Além disso, toda a espetacularização da criminalidade é muito mais um ataque classista do que uma verdadeira preocupação com a segurança no país, por isso é pedida a cabeça do bandido pobre, enquanto o bandido rico desfruta de um ambiente ameno e tolerante mesmo em meio a toda a cacofonia de um país condicionado pela polarização política.

Os ares da hipocrisia sempre foram muito aprazíveis ao *homem cordial*.

E como *não* diria Margaret Thatcher, a enferrujada *dama de ferro*, o *Capitalismo* dura até acabar o dinheiro dos outros.

Ironicamente, os grandes medos inerentes ao Comunismo se vão perpetuando, um a um, com o totalitarismo econômico neoliberal dos autoproclamados paladinos da liberdade e da democracia.

Ah! E bandido bom é bandido rico, branco e de ascendência europeia.

www.ingramcontent.com/pod-product-compliance
Lightning Source LLC
Chambersburg PA
CBHW072041280526
45788CB00006B/2136